NA SALA
COM DANUZA

DANUZA LEÃO

NA SALA COM DANUZA

2ª reimpressão

COMPANHIA DE BOLSO

Capa
Jeff Fisher

Ilustrações
Adriana Alves

Preparação
Márcia Copola

Revisão
Renato Potenza Rodrigues
Thaíse Costa

Dados Internacionais de Catalogação na Publicação (CIP)
(Câmara Brasileira do Livro, SP, Brasil)

Leão, Danuza.
Na sala com Danuza / Danuza Leão. — São Paulo : Companhia das Letras, 2007.

ISBN 978-85-359-1037-7

1. Etiqueta I. Título.

07-3223 CDD-395

Índices para catálogo sistemático:
1. Boas maneiras : Costumes 395
2. Etiqueta: Costumes 395

2011

Todos os direitos desta edição reservados à
EDITORA SCHWARCZ LTDA.
Rua Bandeira Paulista, 702, cj. 32
04532-002 — São Paulo — SP
Telefone: (11) 3707-3500
Fax: (11) 3707-3501
www.companhiadasletras.com.br

SUMÁRIO

Este livro, publicado pela primeira vez no início da década de 1990, foi elaborado num ambiente muito diferente do de hoje — havia menos telefones celulares, menos gente conectada na internet e no e-mail, e por isso deixei de lado todo um mundo de "mandamentos" que agora são tão correntes e óbvios quanto, digamos, não tagarelar no cinema, não guardar para si o que tomou emprestado... e não escrever introduções longas demais. Por isso, em 2003, o livro ganhou uma nova edição, mais antenada, que serviu de base para este *Na sala com Danuza* de bolso que a Companhia das Letras está lançando. Mas não resisti e fiz novas mudanças: conforme o tempo passa, ficamos mais tolerantes com algumas coisas e menos com outras, e tudo muda um pouquinho. Mas o básico está aí, pois há certas coisas tão atemporais quanto devolver o que pegou emprestado, não falar no cinema, bom, você sabe.

INTRODUÇÃO

Se você acha que este livro é um tratado sobre etiqueta, errou de livro. Para aprender a etiqueta tradicional, é só escolher qualquer dos títulos que existem no mercado, todos excelentes e absolutamente iguais. Este livro é resultado de como eu vejo certos procedimentos, de como me parece que devemos nos comportar em certas situações, as tradicionais e as mais insólitas, com presença de espírito e bom senso. Para escrevê-lo, andei lendo livros brasileiros e estrangeiros, e achei curioso que as regras sejam quase sempre as mesmas, à exceção de alguns regionalismos. Longe de mim querer criar polêmica. Mas me sinto no direito de propor outras soluções, sem com isso afirmar que sejam as mais corretas. Com bom senso, insisto, liberdade e às vezes contrariando "o que ficou combinado". Sinta-se livre você também, para com gentileza fazer como sua cabeça e seu coração mandarem. Autoritarismo também em etiqueta? Nem pensar.

Este livro quer facilitar a vida de uma tribo que trabalha, tem dinheiro mas não muito, deseja saber das coisas mas não tem tempo nem paciência para decorar regras. Gente que divide conta em restaurante e que, quando vai passar o fim de semana em casa de amigos, combina com eles "cada um leva o quê". Nele não se ensina como se beija a mão de uma senhora, como se dobra o cartão de visita, se o pai da noiva fica à direita ou à esquerda do altar. Quem quer aprender isso, como eu já disse, deve comprar outro livro.

Desmitificar. Guardar algumas regras imutáveis do bom convívio social e jogar fora, sem hesitação, um monte de coisas que já não têm razão de ser. Resolver situações que há vinte, trinta anos não existiam. As boas maneiras tornam a vida mais agradável, sim, mas não deixe que as regras rígidas da etiqueta sejam um tormento em sua vida. Tortura, nunca mais.

Descomplicar. Mostrar que, mesmo com pouco dinheiro, sem que se pertença a família tradicional, tudo se pode aprender. Ser gentil, elegante, viver de maneira charmosa, gostosa, fascinante. Não é possível que, quase no ano 2000, ainda se fale em guardanapos de organdi: quem vai lavar e engomar esses guardanapos? Quando vejo um na minha frente, fico paralisada, nem toco, com pena de sujar. Mas não é disso que quero falar; é de pessoas que podem criar um clima alegre, caloroso, simpático, até mesmo sofisticado, usando uma pilha de guardanapos de papel, grandes e coloridos.

Boas maneiras, gentileza, cortesia. Quando em excesso, claro que é artificial, trata-se apenas de uma pessoa representando o papel de bem-educada. É *fake*, não engana ninguém. Essa pessoa é aquela que nunca deixa de mandar flores nos aniversários, no Natal, em todas as datas convencionadas. É a profissional (as datas sempre lembradas pela secretária, que tem uma agenda apenas para isso). Só que, no terreno das amizades, dos afetos, pede-se menos profissionalismo e mais calor humano.

(Por que nunca me mandaram flores no dia 6 de maio? Ou em 22 de outubro? E por que essas datas? Por nada — apenas por ter sido lembrada gratuitamente nesses dias. Eu teria adorado.)

Entre essa forma de educação, que me mata de tédio, e a educação a que me refiro, há um abismo. Claro, nem por isso vamos deixar de seguir as regras que aprendemos em criança e que ajudam a tornar mais agradável e possível o convívio entre as pessoas. É importante dizer não a certas convenções, certas formalidades. Mas só as pessoas naturalmente educadas conseguem fazê-lo com propriedade. Em comportamento, prepare-se, há milhões de "dependes". Não existem duas situações iguais, o assunto é inesgotável. A cada vez que eu, escrevendo este livro, me perguntava como agir, me via começando com um "depende".

Tenha coragem e independência para fazer o que você gosta, as coisas em que você acredita. Esteja sempre pronto a ajudar quem cometeu uma gafe. Que essa ajuda surja como um reflexo, como quando você vê alguém escorregando na rua e, sem pensar, corre para ajudar. E nunca se aproveite do fato de saber mais, fazendo a pessoa se sentir ainda pior do que já está, depois do erro cometido. Afinal, mesmo no peito de quem não conhece etiqueta, também bate um coração. Claro, no mundo oficial as regras são obrigatórias. Mas nós sabemos do tédio que é a vida nesse mundo. A obediência cega a essas leis jamais proporcionou a ninguém um só momento de alegria ou criatividade.

Terminei de escrever este livro pensando no quanto o Brasil anda mal-educado. Os homens que dirigem nosso país se tratam — e nos tratam — sem o menor respeito, indo da vulgaridade à grosseria. É possível que a boa educação tenha desaparecido dos nossos costumes? Ninguém respeita ninguém, os códigos desapareceram. Tudo se nivela, mas por baixo. Não será esse o momento de pensar em conviver mais educadamente com nosso semelhante? Um sorriso, segurar a porta para o outro passar, significam a mesma coisa aqui ou em qualquer lugar do mundo. Se tratada com gentileza, a pessoa, por um instante que seja, se sente especial, e isso a faz não se sentir assim tão só.

Há alguns procedimentos que amenizam as relações entre os homens. Já a polêmica grosseira, as discussões barulhentas, os insultos, as agressões, são golpes mortais na arte de conviver e, indiretamente, no bom funcionamento da democracia (para não falar do péssimo exemplo que dão aos cidadãos).

O culto aos grosseiros *yuppies* felizmente está acabando. A verdadeira cortesia é pensar primeiro no outro, depois em si mesmo. Se duas pessoas querem passar por uma porta estreita, vai ser preciso que uma dê lugar à outra. Isso é cortesia. Se estendo a mão com um sorriso, o outro também estende a sua e me retribui o sorriso. As pessoas se imitam. Se eu te trato mal, você também me trata mal. Continuamos a nos imitar. O uso da cortesia é uma maneira de evitar o caos. O mundo está cada vez mais povoado, e, quanto mais gente existir, mais necessitamos da boa educação.

Nunca pertenci a nenhum grupo específico, sempre pertenci a muitos. Esse é o lugar que escolhi para mim. Para os mais formais, devo parecer uma espécie de ET. Para os mais jovens, meio careta. Faço parte de uma tribo longe de qualquer tradição ou preconceito, de meio social indefinido, sou uma pessoa com idéias próprias, com um certo bom senso. E que, mesmo defendendo as belas maneiras, dá mais valor à ética nas relações do que a qualquer procedimento tido como civilizado.

Às vezes me pergunto por que inventei de escrever este livro. Para ser sincera, não é sempre que faço tudo como o livro diz. Quando acordo com a Receita Federal no telefone me cobrando um recibo de 1989, o banco dizendo que o cheque ainda não foi compensado e o porteiro avisando que a bateria do carro arriou; e, aí, a Telefônica me deixa vinte minutos escutando uma musiquinha irritante, o tranqüilizante acabou e só com receita, sinceramente: será que nesse dia vou segurar a porta do elevador para alguém? E se, depois de publicado o livro, começarem a me cobrar um comportamento irrepreensível? Logo de mim, que às vezes sou tão malcriada? Não sei. Mas também não devemos levar as coisas tão a sério. Vamos procurar ter boa vontade conosco e com os outros. Compreender que às vezes as pessoas não agem como deveriam, acontece. Ria de você mesmo quando fizer uma bobagem.

Depois de ler um artigo de Millôr sobre o assunto, resolvi deixar o texto quase tal como foi escrito, misturando "você" com "tu", e pronto. Não custaria nada mudar as concordâncias, mas não é assim que falo, aliás, não é assim que ninguém fala. Também às vezes me dirijo aos homens, outras vezes às mulheres. Vocês vão entender, claro. Não gostaria de dirigir o livro a um só sexo, já que existem tantos.

Este livro pode até passar por superficial. Mas o que procurei, mais que tudo, foi, com algum humor, resgatar a verdadeira delicadeza entre as pessoas. Gentileza não é artigo de luxo, mas de primeira necessidade.

Rio de Janeiro, 1992

1
COLUNA SOCIAL

Os bastidores ou as ilusões perdidas

MINHA CARREIRA NAS COLUNAS COMEÇOU (como protagonista) muito cedo, quando aos catorze anos fui debutante da revista *Sombra*; nas várias vezes em que virei minha vida pelo avesso, achei que ela (a carreira) tivesse chegado ao fim. Lembro bem de duas vezes em que essa trajetória foi interrompida. Quando casei com Samuel, passei uma bela temporada sem aparecer na imprensa: no jornal dele não podia, e a concorrência não tomava conhecimento da minha existência. A outra foi quando assumi minha própria coluna, razão de sobra para não sair nas demais.

Ah, como é bom quando seu nome aparece na coluna social a primeira vez — e a segunda, e a terceira. E sua foto, você linda e deslumbrante? E uma menção a seu trabalho, a alguma coisa bacana que você fez? Mas tem a fase de querer ir a todas as festas e a hora de preferir tomar formicida sem gelo a ir a alguma — fase que estou vivendo agora. Afinal, tem hora para tudo, e, se ser reconhecida na rua é bom, não ser reconhecida é ótimo, mas só sabe disso quem apareceu a vida toda.

Passei quase nove anos escrevendo uma coluna diária, chovesse ou fizesse sol, sábados, domingos, feriados, Natal, Ano-Novo, Carnaval e Semana Santa. Todo santo dia.

Como fui casada com Samuel Wainer, dono do jornal *Última Hora*, muito cedo conheci gente importante. Convivi com presidentes, ministros, senadores, deputados, empresários — com o poder, enfim — desde os meus vinte anos (até 1964, que fique bem entendido). Por obra e graça do acaso, e com alguma sorte, fui amiga das turmas do cinema novo, da bossa nova, do *Pasquim*, dos jornalistas em geral, até entrei na peruagem (nunca com os dois pés, só com um). Quando comecei a trabalhar no

JB, conhecia praticamente todas as pessoas do Rio de Janeiro, e já tinha viajado quase o mundo todo. Ainda houve o tempo do exílio (de Samuel) em Paris, quando convivi com a esquerda exilada, a boemia, intelectuais e alguns aristocratas. O resultado dessa salada geral foi que, quando assumi a coluna, nada mais podia me deslumbrar. Essa foi minha sorte.

O COMEÇO

No dia em que o *Jornal do Brasil* anunciou que eu passaria a escrever no espaço brilhantemente assinado durante mais de vinte anos por Zózimo Barroso do Amaral, minha casa se encheu de flores, numa tal quantidade que parecia até o velório de alguém muito importante. Chegaram cartas, telegramas, mensagens, e recebi telefonemas de todos os cantos do país. E lá fui eu, sem ter uma idéia exata do que me esperava.

É difícil ser colunista. Você chega cheia de boas intenções, pretende só publicar notas de pessoas que estão fazendo coisas legais (até consegue), evita poluir sua coluna com nomes ligados à corrupção, ao banditismo, à vadiagem (até consegue), tenta fazer um trabalho correto, ético (até consegue), o tempo vai passando, você muitas vezes erra mas só descobre depois, e um dia percebe que o buraco é mais embaixo e que na vida nem tudo são flores.

AS FONTES

Você chega na sua sala de manhã, abre o computador e dá de cara com uma tela vazia que tem de ser preenchida até as quatro da tarde. Aí, começa a telefonar para os amigos, para as fontes (são os que passam informações para os colunistas), e vai percebendo que as notas que pintam são, na maioria das vezes, ou para favorecer ou para prejudicar alguém. Como saber a quem está servindo a notícia da possível fusão da empresa A com a empresa B? Não dá tempo de checar — e checar com quem? —, e, quando a notícia diz respeito a *business*, pode ajudar a concluir ou a melar negócios geralmente escusos. Diante disso, uma das primeiras providências que tomei foi ficar fora do vespeiro e cair no social nu e cru.

Eram tantos os convites, mas tantos, que, apesar de ter dois assistentes prontos para qualquer sacrifício, não dava para estar presente a todos os acontecimentos. Mas sempre havia alguém — vários alguéns — que telefonava no dia seguinte para contar como tinha sido o jantar, o show, *whatever*. E claro que quem ligava puxava a brasa para suas sardinhas, isto é, seus amigos, as pessoas a quem lhe interessava agradar, e assim íamos nós, filtrando, procurando descobrir a intenção real da nota, para tentar fazer, na medida do possível, uma coluna informativa, divertida, correta, decente.

É claro que quem te passa uma boa nota um dia vai cobrar, pedindo que você publique uma péssima, do seu (dele) interesse. Para isso foi inventada aquela tripa com notinhas curtas que, na intimidade das redações, é chamada de "lixão": é lá que são pagas essas contas.

O mais difícil era quando chegava aos meus ouvidos uma boa história envolvendo a vida pessoal de um amigo. Eu ficava na dúvida: publico ou não publico, isto é, sou jornalista acima de tudo ou não sou? Quer saber? Honestamente, acho que não sou, porque sempre evitei entrar na intimidade das pessoas, mesmo das que não eram minhas amigas. E, nas poucas vezes em que entrei, me arrependi.

OS PRESENTES

A quantidade de livros, CDs, lembrancinhas, caixas de chocolate, camisetas, garrafas de vinho e que tais que se recebe numa coluna social é impressionante. Como lidar com isso?

Meu bom senso me ensinou que presentes de pouco valor podem ser apenas gentilezas, não caracterizando jabá (jabá é um suborno disfarçado e *light* — ou não); as caixas de chocolate eram abertas na hora e compartilhadas com os colegas, as outras bobagens, distribuídas pelos amigos da redação, e arranjamos um armário na sala para onde ia tudo o que ninguém queria. Era o estoque, para ser desovado no Natal — e à disposição de todos os que estivessem interessados.

Aprendi uma coisa preciosa com o então dono do *JB*, dr. Nascimento Brito: quando se recebe um presente com segundas (e terceiras) intenções, desde que não seja tão agressivo quanto uma jóia (respeito é bom, e eu gosto), não se devolve mas também não se agradece, e, se for além de uma camiseta, o nome do presenteador vai para a geladeira por uns tempos. O agradecimento é sempre um estímulo para que mais presentes cheguem, e uma nota no dia seguinte ao recebimento significa claramente: continue mandando, e seu espaço na coluna está garantido.

O NATAL

No Natal, então, era demais. Do começo de dezembro em diante não se podia nem trabalhar em paz, tanta coisa chegava. A secretária ia desembrulhando os pacotes, abríamos as cestas e fazíamos uma distribuição geral — muitos vidros de azeitona, geléia e picles; das agendas e calendários é melhor nem falar.

O pior era quando eu chegava em casa. Sabe o que é *overdose*? Pois eu sei: quando voltava do trabalho e entrava no meu quarto, mais um monte de embrulhos e flores, numa tal quantidade que eu estressava. E detalhe: ninguém nunca me mandou um abridor de latas normal, aquele que eu precisava tanto mas não tinha tempo de comprar.

Um dia meu neto André, que tinha nove ou dez anos, veio me visitar nas vésperas do Natal e viu a cena. Papo vai, papo vem, alguém perguntou o que ele queria ser quando crescesse, e ele respondeu de bate-pronto: "Colunista social".

AS VIAGENS

Mal você entra na coluna, começam os convites: para ir ao Pantanal, a Londres, Nova York, Paris, ao Festival de Gramado, ao Círio de Nazaré, a pousadas em Petrópolis e Mauá, enfim, a todos os lugares do mundo. Tudo de graça, patrocinado por alguma empresa interessada em divulgar seu produto.

De deslumbrados todos temos um pouco, e aceitei os primeiros, claro — logo eu, que comprava meus dólares aos pouquinhos, para poder pegar um avião. Mas já na terceira vez deu para ver que era a maior roubada.

Os convites eram sempre para viagens em grupo, com — por exemplo — um colunista (ou dois ou três) do Rio, mais dois de São Paulo, outro de uma cidade do Nordeste, do Sul, do Centro-Oeste, um amigo do organizador do grupo, uma desfrutável que pudesse gerar notícias, essas coisas. E haja programação: café-da-manhã no hotel, com o grupo, às nove, seguido de uma visita a algum lugar, almoço à uma num restaurante agradável com o *menu* já estabelecido pelos organizadores, tarde livre (até as cinco), coquetel não sei onde, jantar às nove, e no dia seguinte a mesma coisa. O fim de semana parecia aquele filme de Buñuel, *O anjo exterminador*, em que as pessoas não conseguem sair da festa: o inferno seria mais ameno. Você descobre que viajar assim não tem nada a ver, e nunca mais aceita convite nenhum.

OS RESTAURANTES

Quando você é colunista social, certos restaurantes começam a não cobrar mais sua conta — mesmo que você esteja numa mesa de dez —, e, se você for uma pessoa correta, passa a não poder mais freqüentá-los. Pode até elogiar, mas não pode freqüentar, a não ser com alguém que te convide e, conseqüentemente, pague — e aí você avisa ao *maître* antes, por telefone, que está indo convidada por A ou B. Se um colunista quiser, tirando a faxineira, o gás, a luz, o telefone e o condomínio, não vai precisar gastar um só centavo para viver. As lojas vão ficar honradíssimas de te ver desfilando seus modelitos, sapatos e bolsas, jóias serão emprestadas, e, se você resolver pintar sua casa, é só escolher em que hotel passar a semana, tudo *free* — com uma ou várias notinhas depois, claro.

Já ouviu a frase "Não existe almoço de graça"? Pois é.

O ASSÉDIO SOCIAL

As socialites se matam para ter você nos seus jantares; como a coluna é social, você vai e conta. Conta como era a toalha, a louça, as flores, o *menu*, o vestido da anfitriã, das convidadas, fala do som, da decoração (tem gente que troca quando dá um jantar, o que costuma ser um bom pretexto para que o jantar aconteça: a nova decoração). Às vezes o texto pode sair com algumas tintas irônicas, mas ninguém percebe, tal a felicidade de ver o nome impresso no jornal. Você recebe convites para jantar de pessoas a quem nunca foi apresentada, para casamentos em que não conhece os noivos, nem a família do noivo nem a da noiva, tudo porque as pessoas a-do-ram sair na coluna.

Já me aconteceu de ir a um jantar, três dias depois ir a outro e comer exatamente a mesma coisa: a entrada, o prato principal — ainda me lembro, pato com purê de castanhas — e a sobremesa, tudo clonado (assim como os convidados). Claro: o bufê era o mesmo.

AS FEIRAS DE DECORAÇÃO

E tinha as grandes feiras de decoração, quando eu quase enlouquecia. Eram duzentas divulgadoras, cada uma querendo vender seu peixe, isto é, emplacar o nome dos decoradores, do fornecedor do tecido das cortinas, da pia do banheiro, das torneiras, do ralo da cozinha, do tapete, do fogão, do triturador, da televisão, dos cabides, das plantas, das dobradiças, do pintor que pintou a parede, da tinta que foi usada para pintar a parede, de tudo, enfim — e vou parar por aqui porque já estou exausta, mas antes vou explicar o que é ser divulgador, para quem não sabe. Um divulgador existe para divulgar, como diz o nome, o produto para quem ele trabalha, ou seja, conseguir notas nos jornais, matérias em revistas etc. etc. Por produto leia-se qualquer coisa vendável, inclusive artistas, em início (ou não) de carreira.

O leitor desavisado entra em todas, sem perceber que se trata apenas de um grande comercial, com a mesma finalidade da página dos classificados: vender — e, melhor ainda, sem pagar pelo anúncio.

No quesito decoração, existem coisas curiosas: os que querem ascender socialmente mas não sabem como, escolhem nas colunas um decorador da moda. Aí ele faz a casa inteira, e, quando está tudo pronto, o cliente oferece um jantar a ele, decorador, que fornece a lista dos convidados, encomenda as flores, contrata o bufê, os manobristas e o som, se encarrega dos cartões para os convites etc. (tudo incluído no preço). Vão todos os chiques e famosos, e assim os anfitriões, que não conheciam ninguém do *society*, começam a entrar na Disneylândia social e aparecem, pela primeira vez, numa coluna.

Nunca me esqueço de uma frase do filme *O poderoso chefão*, dita como desculpa por um mafioso que mata o filho de Don Corleone: "Mas eu sempre gostei muito de você; foi apenas *business*".

AS FAMOSAS FESTAS

E as festas? Essas são um caso de hospício.

Festas, verdadeiramente, hoje em dia só existem para lançar um produto, seja ele cerveja, novela, celular ou alguém considerado um produto.

Os organizadores se matam para ter como convidados pessoas famosas, que podem gerar notícia nas colunas e, se possível, matérias nas revistas especializadas. Para alcançar essa façanha, são contratados os divulgadores, cuja eficiência é medida pelos famosos que conseguem levar e pelo número de notas que conseguem emplacar.

O que faz uma pessoa ser famosa, se ela não é atriz, cantora, artista? O fato de ela ser conhecida. E o que faz uma pessoa ser conhecida? O fato de ela ser famosa. Você entendeu? Nem eu, mas uma coisa é certa: é preciso sair em jornais, revistas ou na televisão para ser alguém, pois, nesse universo, quem não aparece não é nin-guém.

Detalhe: agora, quando se dá uma festa, é possível alugar desde pratos, talheres, travessas, castiçais até convidados. E isso não é novidade, todos sabem que existem artistas de televisão que cobram cachê para dar um brilho à noite, mas atenção: no contrato (com nota fiscal e tudo) fica estabelecido quanto tempo elas/eles vão permanecer no recinto. Em geral são duas horas, e, quando acaba o tempo regulamentar, elas/eles desaparecem — com o cheque nominal, entregue antecipadamente ao agente (que leva 20%), no bolso.

RÉVEILLON

Durante oito longos anos, minha noite de Ano-Novo foi assim: às nove horas eu saía do meu apartamento no Posto 5, em Copacabana, calçando tênis e com um par de sapatos de salto alto numa sacolinha. Desejava um feliz ano novo à minha empregada, que ficava na varanda esperando os fogos (a felizarda), caminhava mais ou menos dois quilômetros, pois nessa noite o trânsito da praia era interrompido, e aí começava a percorrer as festas. Eram quatro, às vezes cinco, às vezes seis; chegava, trocava de sapato na portaria e, com um bloquinho e uma caneta, ia tomando nota de tudo, isso festa por festa. Tinha as de Regina então Marcondes Ferraz, Narcisa Tamborindeguy, Madeleine Saade, Lily Marinho, na passagem do milênio houve a de Olavo Monteiro de Carvalho, a da piscina do Copa e ainda outras menos votadas. Nesses oito anos nunca vi os fogos de artifício tão famosos no mundo (as janelas estavam sempre lotadas) e nunca brindei com um copo inteiro de champanhe o ano que entrava; era só um golinho à meia-noite.

Lá pelas cinco da manhã pegava minha sacolinha, tornava a calçar os tênis e fazia o caminho de volta — a pé, claro, pois o trânsito continuava interrompido. Sozinha, cruzava com os bêbados e com os caminhões de lixo, que começavam a limpeza das ruas; uma vez, chovia tanto, que cheguei encharcada em casa. Tomava um banho e botava o despertador para as nove da manhã, pois nesse dia a coluna era maior, uma página inteira. Fechava a página às oito da noite, ia para casa — torta —, e no dia seguinte começava tudo de novo.

Na primeira passagem de ano depois de ter deixado a coluna, tomei um avião e fui para bem longe, para nem lembrar como tinham sido meus últimos oito réveillons.

CARNAVAL

Do Carnaval vou falar pouco, pois prefiro esquecer das duas noites seguidas (também durante oito anos) no camarote de uma cervejaria, todos com a mesma camiseta, nem o *Big Brother* seria pior; e — não é preciso dizer — sem ver uma só escola de samba passar.

O BALANÇO FINAL

O trabalho começava às dez e meia, onze da manhã, e terminava lá pelas sete. Na sexta-feira, dia do famoso "pescoção" (é quando são feitas as colunas de sábado, domingo e segunda), saía-se do jornal às dez da noite. Se nesse dia houvesse um acontecimento social importante, o jeito era ir para casa tomar um banho rápido, vestir uma roupa bacana, encarar, e ainda trabalhar no domingo para poder botar no jornal de segunda. Rapadura é doce, mas não é mole.

Faltou falar de uma coisa: quando você deixa a coluna, os

convites escasseiam, e você passa a ter uma vida mais normal, isto é, a freqüentar apenas os amigos. Como esses amigos às vezes dão grandes jantares, você acaba cruzando com pessoas que, em outros tempos, atravessavam o salão aos pulos para te cumprimentar, com risco de cair e quebrar uma perna, e hoje te dão boa-noite como se mal te conhecessem. Muitas fizeram isso comigo, e ainda fazem — quando acontece, morro de vergonha. Por elas.

2
RICOS E FAMOSOS

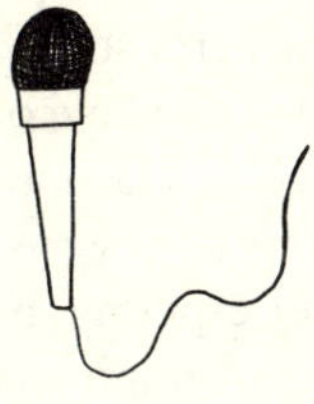

Como chegar lá

LÁ, TODO MUNDO SABE BEM ONDE É: no universo dos que saem nas colunas.

Alguns nascem sem esse problema; ou porque têm um sobrenome tradicional, ou porque são filhos de alguém que não é tradicional mas é uma referência, tipo "é filha da mulher de fulano, presidente do banco tal", "é sobrinho de Ayrton Senna", "é neto do embaixador tal" — vale tudo para situar a pessoa. Para quem tem esse problema, o caminho é mais difícil e depende de uma certa sorte. Para as mulheres, a beleza é o ponto fundamental, mas não é o único (dinheiro ajuda, e bastante): se quiser ser aceita, ela tem que saber como pavimentar sua carreira — namorar as pessoas certas — e aprender os códigos; para isso precisa ser esperta e inteligente, mas, se for muito inteligente, é aconselhável fingir que não é tanto. E quais são esses códigos? Não dá para explicá-los sem alguma ironia.

São vários, e, quando se está começando, mais rigorosos. Mas, se se conseguir ser um "deles" — e nessa hora a beleza pode paradoxalmente atrapalhar, pois as mulheres dessa selva não aceitam com facilidade outra mulher bonita —, as regras afrouxam.

A regra número 1 é não namorar homem casado; aliás, não namorar, não conversar, não dançar, não cumprimentar, não ver. As mulheres casadas são muito solidárias nesse quesito, e, se aparecer uma cara nova e não confiável, a possibilidade de ela vir a fazer parte do grupo estará riscada para sempre.

Outras regras: um homem pode aparecer com uma mulher totalmente desconhecida, que ela, se tiver um comportamento razoável, será aceita — aos poucos, claro. Já uma mulher, por melhor que seja seu *pedigree* e maior sua conta no banco, se chegar com um namorado novo que não possa ser situado como um funcionário da ONU que viveu a vida inteira no exterior ou como filho de fulano que estava fazendo doutorado em Harvard, ou de quem não se possa dizer, pelo menos, que é muito amigo de Jack Nicholson, esse homem estará condenado ao mais cruel ostracismo depois que o namoro terminar. E, mesmo durante, ninguém vai dar muita bola para ele. Hoje algumas atrizes famosas namoram ou se casam com policiais e seguranças, que por isso aparecem até em capas de revistas mas, acabou o caso, voltam imediatamente ao anonimato.

Detalhe: não adianta casar com alguém muito rico cuja profissão seja francamente fora da lei ou quase, como bicheiro, por exemplo, ou com alguém que, por amizade com o governo, forneça alimentação a presídios ou seja intermediário em negócios potencialmente escusos. O ideal mesmo é casar com um empresário poderoso, com belas amizades no exterior, que de preferência incluam condes italianos e príncipes alemães; com ele você terá acesso a um mundo que nem sabia que existia e sobretudo às coisas materiais que só os muito ricos podem proporcionar. Como tudo tem um preço, o seu vai ser sua espontaneidade e sua mocidade, isto é, os melhores anos da vida; mas qual a importância de jogar fora vinte anos de sua juventude diante de todas as viagens em jatinhos particulares, de todos os vestidos dos maiores costureiros do mundo, de todas as jóias compradas na Place Vendôme ou nos leilões da Christie's? Para algumas, esse preço é até baixo.

Se você quiser mesmo ser aceita/aceito, prepare-se para abandonar qualquer opinião e concordar com o outro em absolutamente todos os assuntos. Além disso, seja uma boa platéia: se você rir do que estão dizendo, ou se indignar, ou aplaudir, sempre com senso de oportunidade, saiba que vai conquistar o grupo todo. Não importa que com isso você esteja sufocando sua personalidade e abrindo mão de suas convicções mais profundas. Só pode achar e dizer o que pensa quem é rico ou poderoso; se não for o seu caso, é bom manter a boca fechada e dar sempre razão aos ricos e poderosos.

Existe também uma maneira de se valorizar diante dos importantes, impressionar alguém que você quer conquistar, se mostrar competente para um belo tráfico de influência ou apenas fazer bonito numa mesa de bar: quando falarem de Tancredo Neves, diga que, no passado, recebeu imensos favores dele. Uns 45 minutos depois, diga que outro que te fez grandes gentilezas foi dr. Alceu Amoroso Lima, e assim sucessivamente. Pode encaixar o Fidel Castro em ambientes mais à esquerda. Detalhe: esses favores terão sido feitos sempre por pessoas importantes, mas, de preferência, já falecidas ou em vias de (portanto, impossíveis de ser checados). Costuma funcionar.

Se você agir desse modo, ninguém jamais vai saber quem você é verdadeiramente, mas não é disso que se está falando, e sim de sobrevivência. E tem outra coisa: todas as infidelidades serão permitidas, desde que com pessoas que pertençam ao mesmo grupo. Um homem pode ter um caso com a mulher de alguém da mesma roda (e vice-versa); mas ai de quem resolver namorar alguém de outro grupo social, sobretudo se esse grupo for de um patamar mais baixo, digamos assim: esses nunca serão perdoados. E, se você não gostou do que leu, esqueça e seja apenas normal, porque a lei da selva é dura e não perdoa a quem não a segue.

3
JANTARES

QUANDO VOCÊ É CONVIDADO

Quando me telefonam convidando para jantar na próxima quarta — ou quinta ou sexta —, eu estremeço e não sei o que dizer. Quando não consigo fazer aquela pergunta fundamental, "Quem vai?", e nem sempre quem convida tem a gentileza de passar essa informação importantíssima, até porque, quando são oitenta, não dá, o que se faz? Deve-se aceitar e depois começar a investigar do que se trata, para então decidir se é o caso de ir ou de levar um tombo no dia? (Se o jantar não for de lugar marcado, por favor! Se for, é respirar fundo, e seja o que Deus quiser.)

Então, você decide ir. E vai. Primeiro, são os drinques, e, mesmo morrendo de vontade de tomar o segundo, você vai ter que esperar que o garçom passe de novo, o que pode demorar séculos. Se você tem a sorte de encontrar uma pessoa interessante, uma paquera nova ou um velho amigo com quem esteja adorando conversar, sempre chega alguém para interromper e você quer matar. O normal é um "oi, querida, que bom te ver, você está linda", "oi, fofa, ia mesmo te ligar, estou com saudades, há quanto tempo, vamos combinar de almoçar", enfim, frases que, pela importância e sinceridade ("a gente se telefona"), vão mudar o rumo de sua vida e do universo. Mas não se aflija: é assim mesmo, em qualquer lugar do mundo. Aliás, por que as mulheres querem sempre combinar um almoço, nunca um jantar?

Aí o jantar é anunciado, e, depois de saber qual o seu lugar à mesa, você se vê sentada entre duas pessoas em quem não acha a menor graça e com quem nunca conversaria por escolha própria. Quanto ao *menu*, se você estivesse num restaurante, jamais teria pedido uma panqueca de espinafre ou um pernil de cordeiro, pela simples razão de que você detesta espinafre e odeia cordeiro — e sobremesa, nem pensar, porque engorda.

Aí o jantar termina, o café é servido, você gostaria de fugir pela porta da cozinha sem falar com os donos da casa mas não tem coragem — ainda; então se despede, agradece a noite maravilhosa e os momentos inesquecíveis que passou, pega o carro, apavorada com a possibilidade de ser assaltada no sinal, e vai pensando: "Mas que história é essa das pessoas darem jantares? Faz algum sentido juntar um monte de gente, gastar um caminhão de dinheiro, assim, para nada? Será que estou louca ou são os outros que são loucos?". Eu, pessoalmente, acho que são os outros.

Outra coisa que me intriga é quando um casal oferece um jantar a outro casal, sem razão nenhuma. Eles são amicíssimos, se vêem o tempo todo, e de repente um homenageia o outro. Não é, no mínimo, engraçado? Hoje em dia, para mim, a felicidade mesmo é jantar num restaurante e sermos, no máximo, quatro. Assim se pode conversar, pedir outro drinque na hora que se quer, comer o que se tem vontade, trocar idéias, falar de tudo e voltar para casa contente de ter estado com amigos, com alegria e sem nenhum mundanismo, esse inferno que assola certas humanidades.

Mas não se deve ser tão radical: em alguns jantares você pode conhecer pessoas adoráveis, reencontrar amigos que tinha perdido de vista, comer divinamente e voltar para casa achando a vida ótima. Mas é raro.

Se você foi convidado para um café-da-manhã, almoço ou jantar e aceitou, não dá para mudar de idéia e não aparecer, a não ser por razões imperiosas. Na véspera ou no dia, só se tiver quebrado uma perna — no mínimo —, e olha que um gesso não impede ninguém de fazer nada, a não ser de tomar banho de piscina. Quando telefonar para dizer que não vai, se atender a secretária eletrônica, adiante o assunto e diga que explica depois — e ligue mesmo. Mandar umas flores no dia, lamentando o acontecimento, será chiquérrimo.

Você sabia que tem gente que, sabendo que o jantar é grande, não vai, não avisa que não vai, não telefona para se desculpar e dizer por que não foi, e nunca mais toca no assunto? Esses nunca mais serão convidados, claro.

Para que servem os relógios se todo mundo se atrasa? No Rio, quando um jantar é marcado para as 21h, os primeiros convidados começam a chegar às 22h30, e com certa razão: o *chef* chega às 19h, o marido (do escritório), às 21h15, e a dona da casa (do cabeleireiro), às 22h, razão de sobra para esquecer essa bobagem de ser pontual. Mas não vamos generalizar: em casa de Carmem Mayrink Veiga, os jantares são marcados para as 20h45, e todos chegam na hora. E quem ousaria não ser pontual diante de um convite para as 20h45? Ah, detalhe: quem atrasa fica sem jantar, pois, para a tirana — no bom sentido — Carmem, 45 minutos para drinques é mais do que suficiente. Claro: Carmem não bebe.

Um amigo chiquérrimo me contou que foi convidado para jantar no palácio de Buckingham e a hora marcada no convite era "entre 20h30 e 20h45". Não é divino? E, tratando-se de um convite feito pela rainha da Inglaterra, quem vai ousar dizer que não está certo?

Quando entrar uma estrela ou alguém famoso por ser rico e poderoso, nada de deslumbramentos. Não chegue ao extremo de fingir que não viu (ou não reconheceu) Marisa Monte ou Ronaldinho Gaúcho, mas nada de ficar bajulando, é um vexame. Quando estiver ao lado de gente muito importante, não diga que é amigo de Guga, Fernando Gabeira ou Fernando Henrique Cardoso para mostrar que também é importante. Aliás, quem é mesmo nunca faz isso, porque não precisa.

Quando o jantar for para umas trinta pessoas, dá para sair sem se despedir — embora não se deva. Se for para muito mais de trinta, não só se pode, como se deve (e até antes da sobremesa). Em ambos os casos, telefone no dia seguinte agradecendo, ou agradecendo e se desculpando, se for o caso. Resolvendo se despedir, tudo rápido — não se esqueça de que a festa continua rolando.

Pessoas são convidadas não para ser alimentadas, mas para contribuírem de alguma maneira para o sucesso da reunião. Com seu charme, sua beleza, sua inteligência, sua capacidade de ser divertidas. Faça sua parte com brilho.

Se você encontra alguém com uma roupa exatamente igual à sua, faz o quê? Sem perder o humor, chama o fotógrafo e pede que ele registre a cena histórica.

A louça da casa onde você está jantando é linda. Mas não vire o prato para saber a procedência, nem vá bisbilhotar a marca num objeto de prata, sobretudo se você for cleptomaníaco e tiver a intenção de roubá-lo. Se achou bonito, elogie, pergunte o que quiser e acredite no que responderem. Fuçar objetos é tão indiscreto quanto virar a gola de um vestido para conferir a etiqueta. Aliás, anda muito em moda a dona da casa responder: "Eram da minha mãe". Fica chiquérrimo, dá um toque de nobreza (mesmo que seja mentira).

Ficou estabelecido que é indelicado tirar o último canapé de uma bandeja. Pior, para mim, é tirar o penúltimo e passar o problema para a próxima pessoa a ser servida. Como sempre se está conversando com alguém quando isso acontece, digo logo: "Vamos resolver esse problema? Fico com um, e você com o outro". Nos servimos ao mesmo tempo, e *pas de problème*.

A casa onde você foi jantar não tem empregados. Nem ofereça: vá logo ajudando a tirar os pratos da mesa, veja se o abastecimento de gelo está legal, limpe os cinzeiros. E os homens também podem ajudar, sabiam, rapazes?

Jamais pergunte a alguém: "Você vai ao jantar de Regina?". Se a pessoa não foi convidada, vai ficar meio assim. A propósito: houve um tempo em que, quando alguém não era convidado para uma festa, a criatura se trancava em casa e mandava espalhar que tinha viajado. Dura a vida social, não?

Rola a festa, e te oferecem alguma droga. Não fique nervoso, nem banque o repressor. Apenas diga "não, obrigado". O mesmo *não* que você diria se não fumasse e te oferecessem um cigarro. E com a mesma cara. Mas quem se sentir incomodado com a cena não é obrigado a permanecer onde se sente desconfortável. Sem deduragem, claro. Recadinho para o usuário: não tenho nada com a sua vida, mas é inconveniente ficar dando bandeira em festas. Tem muita gente que não gosta desses climas, e lembre-se: é contra a lei.

Se você estiver de dieta ou for complicada para comer, tipo enjoada ou macrobiótica, fazer o quê? Em qualquer caso, é melhor alimentar-se antes em casa, mas servir-se no jantar em questão e fingir que come. Não se torne um problema para a dona da casa.

Certos puristas aconselham a não elogiarmos o que estamos comendo enquanto ainda estivermos à mesa — só depois de nos levantar —, para que a conversa não descambe na receita etc. A maldita síndrome de Dona Benta.

Só se deve sentar à mesa depois da dona da casa. Também só se deve levantar-se depois dela.

Menos costuma ser mais em festas e jantares. Comer de menos. Beber de menos. Falar de menos. Se exibir de menos. Permanecer menos. Seguindo essa orientação, você jamais terá motivos para se arrepender, mas também vai se divertir bem menos, garanto.

Se você foi convidado mas não está com a menor vontade de ir, arranje uma desculpa decente. Não vale dizer que na quinta-feira da semana que vem vai ficar doente ou tem um enterro.

Chegando, primeiro dê uma volta, fale com as pessoas. Circule. Nada pior do que convidados que chegam cedo, sentam-se e ficam só olhando, observando, comentando.

Se no dia do tal jantar acontecer uma coisa que te aborreça muito, telefone se desculpando, mas não vá. Para ficar de mau humor, ser má companhia, melhor permanecer em casa. Deite-se, puxe as cobertas, deixando só o nariz de fora, e espere passar. Passa. Para ajudar, faça uma boa faxina na cozinha. Nada melhor quando se está com problemas, preocupações.

Apesar de ser a maior alegria ver chegar um amigo trazendo flores, se você está recebendo muita gente, complica. Cadê o vaso? Vaso alto? Baixinho e arredondado? Um aquário? Estão no armário. Cadê a chave? E quem vai arrumar as benditas flores no vaso?

Já deu para perceber que sou um pouco rebelde, sobretudo quando se trata do tal protocolo. A propósito, vou contar uma historinha. Nem contra nem a favor — apenas um registro.

Júlio Senna, grande decorador, morava num extraordinário apartamento na Urca, no Rio de Janeiro. Atrás, havia uma pedreira, com um enorme *plateau*, onde se davam jantares maravilhosos, ao ar livre. Criados vestidos como figuras de Debret, um sonho. Num desses jantares, oferecido a uma princesa real (da Noruega, se não me engano), *black-tie* naturalmente, o tempo estava meio duvidoso. De dez em dez minutos caíam algumas gotas ameaçadoras, e só. Todo mundo tenso: chove? não chove? Mais algumas gotas. E mais nada. Na altura do segundo prato, ela veio. Uma chuva tropical, dessas de correr à procura de uma marquise quando se está na rua. Mas acontece que, manda o protocolo, com uma *royalty* à mesa ninguém pode se levantar, a não ser que ela o faça primeiro. *Royalmente*, Sua Alteza permaneceu sentada. Nossos cabelos se encharcaram, as maquiagens escorreram, as lagostas boiaram nos pratos, e as pessoas continuaram conversando como se nada estivesse acontecendo. Foi fantástico, uma cena surrealista. Quando o jantar terminou, a princesa levantou-se, os demais a imitaram, e o *after dinner* prosseguiu no mais normal dos mundos. Inesquecível. E viva o protocolo.

Mas aí fico pensando: e se eu (ou qualquer pessoa presente) estivesse resfriadíssima, com um início de febre? E se desse uma louca e alguém se levantasse correndo para procurar abrigo, o que aconteceria? Alguém iria atrás? Será que a princesa não adoraria essa chance de não se encharcar até os ossos?

Nunca ponha os pés naquela mesa baixinha que está bem na frente do sofá onde você sentou, apesar de ser uma tentação. Se eu não prestar atenção, os meus vão sempre parar lá — parece até que essas mesas têm um ímã, pelo menos para os meus pés. Quem sabe treinando não fazer isso nem em casa a gente não aprende? Eu aprendo?

Não alugue a dona da casa com assuntos longos. Ela é uma só para dar atenção a todos os convidados.

O assunto esfriou? Tire da cartola algo bem polêmico, como a eutanásia, o desarmamento, a descriminalização das drogas, a gravidez em mulheres bem maduras, a reposição hormonal. Provoque — educadamente, claro — as pessoas.

E não se esqueça: *todas* as regras podem ser quebradas. Mas é necessária uma enorme experiência social para fazê-lo com sucesso.

O problema: agora que tudo pode ser alugado — até as orquídeas —, o que fazer das suas próprias pratas, das louças, dos cristais preciosos? Dar para os filhos? Eu já tentei e recebi como resposta um "nem pensar". Vender? Ninguém é louco de querer comprar. Então continuamos com aquela tralha guardada, e a pobre da empregada limpando enlouquecidamente toda semana, e sabe para quê? Para nada. Para rigorosamente nada.

QUANDO VOCÊ CONVIDA — SEM GRANA

É natural que pinte um certo nervosismo no dia do seu jantar. Aconselho, por cautela, tomar o primeiro drinque só depois que tiver chegado o último convidado. É mais garantido, embora seja uma pena. Tão gostoso aquele uísque que se toma com a casa impecável, flores, a luz certa, a música certa... Ah, beba um, sim, para relaxar. Mas só um, viu? O.k., dois, mas depois não se queixe.

Sirva o primeiro drinque, mostre onde estão as bebidas e previna, com charme, que você só serve o primeiro. Daí em diante, cada um por si.

Cerveja, champanhe, vinho, o que você puder. O que for para ser gelado, escandalosamente gelado. E, por falar em gelo — muito, muito gelo. Se acabar, acaba a festa. Por isso, quando você estiver providenciando tudo, lembre-se de anotar o endereço do posto ou da loja de conveniência mais próximos que comercializem gelo.

Se na sua casa faz muito calor e você não tem a felicidade de dispor de um ar-condicionado na sala, adie toda a sua vida social para o outono. Dramático ver gente pingando — mesmo quando está fazendo ginástica.

Evite flores perfumadas, ou você já sabe o que fica parecendo.

Copos. Se você não tem todos os que é preciso ter, vai fazer o quê? Comprar ou alugar aqueles sem graça? Uma coisa simpática é usar copos inteiramente diferentes, misturando cores, estilos, tamanhos. É como eu faço. Fui comprando um a um, em feiras de antiguidades, viagens, ou pedindo a amigos cujo serviço já estava desfalcado. É supercharmoso, misturo todos numa bandeja grande, e cada um escolhe o seu (as mulheres, o que combina mais com o vestido). Todo mundo adora. A rigor, copos de vinho devem ser brancos, para que se possa apreciar a cor da bebida, mas um pouco de fantasia não faz mal a ninguém. A mesma coisa você pode fazer com pratos, xícaras de café etc. Mas não misture tudo no mesmo jantar. Num dia, os pratos; no outro, os copos, para não parecer que sua casa é um brechó.

Guardanapos de papel, sim, por que não? Grandes e coloridos, combinando com a louça, lindos e práticos.

Não complique. Para acompanhar os drinques, nada de pastinhas, torradinhas, faquinhas. Senão, onde você deixa o copo e, os mais antigos, o cigarro? Uma encrenca. Castanhas, amêndoas, amendoins, e basta, até mesmo para não acabar com o apetite dos convidados. Em algumas casas a variedade de entradas e canapés é tal que mal se consegue jantar depois. Não que eu não goste de canapés, adoro. Adoro tanto que um dia vou mandar fazer uma bandeja só para mim, para ficar vendo televisão e comendo sem parar. E ainda vou arrematar com uns docinhos caramelados.

Se você mora sozinha, encarregue um amigo do capítulo bar (reposição de gelo, refrigerantes, coquetéis etc.). Para isso os homens (quando não bebem muito) são bem prestativos.

Não fique limpando cinzeiros, pondo guardanapinhos debaixo dos copos para proteger a mesa. Ajoelhou tem que rezar.

E, por falar em cinzeiros, que sejam muitos e enormes — dedal é para costurar.

Um prato interessante e uma salada verde são o suficiente para um simpático jantar quando você não tem um grande *staff* de empregados. Sejamos francos: quando não tem nenhum. Tá bom: então, dois pratos e uma salada. Um deles pode ser uma massa. Prefira os que dispensam o uso da faca, se vocês não forem comer à mesa. Uma sobremesa, algumas frutas (das fáceis, fruta-do-conde jamais!), e fim de papo.

Também é possível reunir amigos combinando de cada um trazer uma coisa, pelo menos a sobremesa. Para a dona de casa que cozinha, um trabalho a menos. Não se esqueça de devolver o prato — pouca gente lembra. E é sempre aquele pirex que a gente adora.

Muito simpático e fácil encomendar um *sushi*. Não suja nem a panela, olha que maravilha. Mas todo mundo tem que adorar — pergunte antes.

Se a comida de sua casa não for lá essas coisas, faça os convidados beberem muito, e bebidas fortíssimas, e sirva o jantar bem tarde. Ninguém vai distinguir uma cenoura de um *petit-pois*, garanto.

Tragédia! O rosbife queimou. Tragédia? Depende. Anuncie, com um grande sorriso, que você se distraiu, tão boa estava a conversa, e ponha em votação: pizza (*delivery*), lasanha (congelada) ou um espaguete que você descobriu no fundo do armário? Você verá que todos vão se envolver, talvez até mesmo um mais prendado se proponha a fazer o molho para a massa com o que houver na geladeira ou aproveitando lascas do rosbife queimado. E vocês ainda vão rir e se divertir muito. O importante — não se esqueça — é ter charme.

Tem gente que faz uma lista de convidados com a seriedade de uma operação de guerra, procurando lançar mão de estratagemas certeiros para que todos adorem a companhia uns dos outros (e dela procurem tirar vantagem). Quando preparar sua lista, tente, então, fazer uma bela salada dos convidados. Convide:

• dois políticos que sejam de partidos diferentes mas nem tão adversários assim;

• alguém com uma profissão insólita — criador de jacarés no Pantanal (agora pode — o Ibama deixa); um alpinista; se possível, o próprio Amyr Klink;

• se for em janeiro, um carnavalesco;

• um grande sedutor, uma grande sedutora;

• dois ou três jornalistas, que vão chegar bem tarde e com muitas novidades;

• um autor de novelas (de uma que esteja no ar, de preferência);

• uma atriz que nunca trabalhou em novelas mas que está louca para (pobre do autor);

• um psicanalista bem falante;

• um astrólogo ou alguém que enxergue aura;

• algumas mulheres bonitas — é desnecessário que sejam inteligentes;

• algumas pessoas de sexos bem variados, charmosas, solteiras, encantadoras;

• um cirurgião plástico bem na moda — fundamental.

É bom que nem todos se conheçam. Na hora de fazer a lista, pense: A é bem capaz de se dar bem com B; quem sabe não sai até um namoro? Esse tipo de tentativa nunca dá em nada, claro, mas anima bastante. Pronto. Seu jantar já é um sucesso.

Se na sua casa existir um único banheiro, no dia de receber os amigos elimine qualquer vestígio dos objetos de uso estritamente pessoal. Escova de dentes, desodorante, creminhos, gilete, tudo isso sai fora e dá lugar a um jarrinho com flores, que tal? E não se esqueça de trocar o sabonete por um novo. Ah, nessas ocasiões é útil providenciar um sensacional tira-manchas em *spray*, é claro que já testado anteriormente, para prevenir danos irreparáveis na blusa de seda de uma das convidadas.

As pessoas recebem mais freqüentemente para jantar, mas fico feliz quando me convidam para um almoço (talvez porque eu não goste de dormir tarde). É supersimpático, num sábado, tipo três horas, todo mundo acordou tarde, quem foi à praia já foi, se está chovendo melhor ainda, ninguém tem mesmo empregada no fim de semana, quem almoça às cinco não precisa se preocupar com o jantar, adoro a idéia. Mas há quem deteste: sei de gente que acha que perde o dia, o sábado fica partido ao meio, minúsculo, interrompido por uma comilança que depois vai pedir uma *siesta*, e então, quando a gente acordar, já estará praticamente na hora de dormir. Antes de armar uma feijoada, investigue se todos os convidáveis são mesmo dos que gostam mais de um almoço que de um jantar.

Teste sempre sua receita antes; nunca invente novidades no dia em que estiver recebendo amigos. Evite o que tem que ser feito na hora, tipo suflês, frituras, a não ser que você tenha uma supercozinheira ou não possa viver sem sofrer. Escolha os chamados "pratos que podem esperar". *Goulash*, arroz de mariscos, galinha ao *curry* — e uma bela salada verde. Tenha sempre comida e bebida a mais, pode sempre acontecer de chegarem mais algumas pessoas.

Se você faz divinamente bem um prato, repita. Quando os convidados chegarem, diga: "Estou fazendo aquela massa que você adora". Vira atenção especial, e não repetição monótona.

Uma amiga muito querida, dessas que não estão nem aí, veio jantar em minha casa, só nós duas, e, em vez de usar o pratinho de salada, misturou tudo no prato grande. Quando percebeu, ficou para morrer, e disse: "Logo na sua casa, você, que está escrevendo um livro" etc. Não foi difícil fazê-la entender que aquilo não tinha a menor importância. Errado seria se eu me tomasse de ares e contasse o fato para todo mundo. Confundir um prato com o outro? Como dizia Nelson Rodrigues (meu ídolo): "Afinal, nós temos uma alma imortal".

Qual a lembrança que fica de um jantar? O serviço perfeito? As louças valiosas? A prataria preciosa? O requinte dos pratos? Esse conjunto é realmente sedutor. Mas, ao lado de todas essas maravilhas, é preciso que haja aquela mágica, que não depende da dona da casa nem dos convidados. Quando acontece, o jantar se torna aquele *acontecimento* que você jamais vai esquecer.

QUANDO VOCÊ CONVIDA — COM GRANA

Para um jantar de quinze, vinte pessoas, convide oito dias antes. Quanto maior for o número de convidados, com mais antecedência você deve convidar. Em jantares de improviso, vale até no mesmo dia, não esquecendo, claro, de dizer que acabou de resolver.

Ao convidar, sempre telefone pessoalmente. Vale a secretária ligar se quem oferece o jantar é um celibatário. Quando se trata de um jantar muito grande, e por isso você convidou com grande antecedência, mande um *pour mémoire* depois de o convite ter sido aceito (para quem não sabe: *pour mémoire* é um cartão impresso, com espaços em branco, para que se especifique, à mão, se é jantar, almoço ou coquetel, o dia, a hora, o traje). Pessoas modernas e informais, como Frances Marinho, convidam por fax e assim facilitam a vida.

Explique sempre a razão do jantar: recebi um salmão, um amigo chegou, vamos comemorar as eleições na África do Sul, os duzentos anos da Revolução Francesa, *n'importe*. Se for um grande jantar, diga o traje; se for um pequeno, diga que é inteiramente à vontade e cite algumas das pessoas que estarão presentes. Assim, se a pessoa não mantém relações com um dos convidados, dá para ela inventar uma desculpa. Não é preciso dizer a verdade — "porque ela teve um caso com meu marido", por exemplo. Se ela não aceitar e mandar flores no dia, é a perfeição.

Nunca se deve perguntar quem são os outros convidados. Cabe a quem convida dar uma panorâmica (sem precisar ler a lista inteira). Nunca se deve, como eu disse, mas, dependendo da minha intimidade com quem está convidando, costumo perguntar. Pergunto mesmo. Afinal, a vida não é uma roleta-russa (ou é?), e gosto de saber o que me espera quando saio de casa. Claro, dou uma volta, tipo "É muita gente? Quem vai?". Para dizer a verdade, essa pergunta pode evitar grandes constrangimentos para todos.

Quando se manda convite com as letras RSVP (*Répondez, s'il vous plaît*: responda, por favor), espera-se a resposta com certa rapidez. Ajuda quem está convidando, na previsão de bebida, comida, garçons. Sem contar que, se vinte respostas forem negativas, outras vinte pessoas poderão ser convidadas.

Escolha com atenção os convidados de sua festa. Deve haver um mínimo de harmonia entre eles, mas harmonia demais ninguém agüenta. Chame também gente polêmica — costumam ser o sal da noite.

Quando você telefonar para convidar, mostre o prazer que sentiu pelo fato de o convite ter sido aceito. E lamente quando a pessoa não puder comparecer.

Nada mais triste do que aquela bandeja com 22 canapés de caviar para oito pessoas. Caviar, ou uma lata de 125 gramas para cada um, de colher, ou amendoim geral.

Se alguém estiver dando uma grande festa para a qual você não foi convidado, nunca telefone para a anfitriã no dia, para forçar o convite. Quando isso acontece comigo (nos dias que precedem festas, é imprudência atender ao telefone), deixo combinado em casa que quem atende deve perguntar quem quer falar. Se não quero mesmo convidar, mando dizer que ligo depois. Já se for alguém que deixei de chamar por distração, esclerose — pode acontecer —, atendo, peço desculpas, explico, convido, insisto.

Um de seus convidados telefona para perguntar se pode levar um amigo/amiga. O pedido só se justifica se for alguém que os donos da casa não conheçam (pois, se conhecem, poderiam ter convidado) e se o jantar for suficientemente grande para não criar problema. Nunca leve sem perguntar, não pega bem.

Mas seu convidado nem telefonou, já chegou com a amiga a tiracolo. Mostre-se encantada e procure conhecer melhor essa pessoa. Ela pode ser deliciosa, e vocês até podem se tornar amigas, por que não? Aposte no inesperado, você pode ter boas surpresas.

Aquele casal se separou, e você está dando um jantar, o que fazer? Bem, a não ser que seja declaradamente mais amiga de um dos dois, convide o que está precisando mais de distração, de uma força. Até pode perguntar "algum problema se eu convidar seu ex?". Se tudo bem, maravilha. Se não, tudo bem também.

Pode até dizer para o outro (o excluído) que, como ele está numa boa, ficou para o próximo. E ponto final.

Não misture família em suas festas. Embora adoremos nossos parentes, os amigos não têm culpa disso.

Se for seu próprio aniversário, parabéns e segredo absoluto. Se for o de um amigo, avise, para que todos tragam muitos presentes.

E, por falar em aniversários: duas amigas, Ilva e Lila, inventaram de comemorar o meu de maneira diferente. Como todas começávamos a trabalhar relativamente cedo, fomos fazer um *cooper*, andamos uns cinco quilômetros e depois tomamos café no hotel Méridien, no Leme. Foi uma manhã cheia de alegria, de grande criatividade.

Homenageando um estrangeiro, cuidado com os pratos típicos. Um só é mais do que suficiente.

Convidar pessoas inimigas, políticos adversários ferrenhos, ex-marido-que-acabou-de-casar-com-ex-maior-amiga, só quando a festa é enorme (ou como vingança).

Jamais comece a convidar com a frase "o que você vai fazer quinta-feira?". Essa pergunta é uma cilada, pois só comporta dois tipos de resposta. Ou "tenho um jantar" ou "nada", o que é um grande risco. Você gostaria de ser convidada para um baile *funk*, para ser jurado do concurso de Miss Verão ou para um campeonato de tranca?

Se um de seus amigos esteve envolvido recentemente em escândalo financeiro, contrabando de armas, tráfico de drogas, com direito a aparecer na TV e nos jornais, dê um tempo, por mais que vocês sejam íntimos. Deixe para convidá-lo depois que o caso estiver esclarecido (ou, pelo menos, esquecido).

Quando resolver dar um jantar, pense sempre se os convidados que você elegeu são os que gostaria de encontrar se o jantar fosse em casa de outra pessoa. Pense no seu próprio divertimento, e tudo correrá bem.

Copeiras vestidas corretamente, uniforme preto, avental branco (não necessariamente de organdi), sapatos pretos fechados e sem salto, cabelos discretamente penteados. Ou então calça e camiseta pretas, All Star preto, e pronto. Sendo você uma dona de casa muito novidadeira, pode pedir à sua empregada, se ela for negra, que faça um penteado afro; se não, que use uma peruca dourada.

Nunca sirva pratos difíceis de comer, a não ser que todos sejam íntimos do prato em questão. Por exemplo, evite embaraços para seus convidados apresentando *escargots* a quem nunca ouviu falar dessa delícia. Como ninguém aprende por escrito a comer *escargot*, se você for do time dos neófitos, *next time*, em Paris, preste atenção. Se preciso, peça ajuda ao garçom — ele vai adorar te ensinar (e não se esqueça de uma boa gorjeta depois). Regale-se.

Avise se for servir um prato pouco banal, tipo cérebro de sagüi, cuscuz marroquino ou mesmo um singelo vatapá. Quem aceita o convite, mesmo com horror, fica caladinho, janta em casa antes e na hora finge que come, nunca obrigando o anfitrião a preparar alguma coisa só para ele. Se os pratos forem à base de alho (que delícia!), também é bom avisar. Alho, ou comem todos, ou não come ninguém, mesmo em restaurantes (sobretudo os casais). Para quem topa, um copinho de leite depois. Não resolve, mas ajuda.

Frutas para servir num jantar, pela facilidade: caqui, figo, uva, cereja, morango. Já preparadas para ir à mesa: manga, melão, melancia, laranja, abacate, *kiwi*, goiaba.

Dependendo do número de convidados, divida em duas, três travessas iguais cada prato que você vai servir, para não ficar aquele horror, pessoas em fila esperando. Para mim, recepção de posse de presidente, casamento, cruzeiro em navio, hotel (com almoço e jantar incluídos na diária), a sopa dos pobres, é tudo igual. Prefiro desmaiar de fraqueza.

Se você pretende armar um jantar puxado seriamente a gastronomia, não vá além de oito pessoas. Nessa noite, só dois assuntos serão permitidos: a mesa e os vinhos. Antes do jantar, não beba mais do que dois drinques, xerez ou porto, por exemplo. Que ninguém se encharque de uísque, não tem nada a ver. Se você é a esposa de um desses seríssimos amantes da mesa e não liga para tais prazeres, o que acha de, num gesto elegante, liberar seu lugar para outra pessoa mais merecedora do privilégio? Tenho certeza de que todos erguerão um brinde à sua compreensão e generosidade.

Se sua festa está tão boa, mas tão boa, que ninguém vai embora, você pode:

• esconder a bebida;

• dizer que o gelo acabou;

• pôr uma vassoura de cabeça para baixo atrás da porta e sal no fogo (costuma dar certo).

Mas, se tudo isso falhar, então você bota para tocar aquele forró sacudido, comprado especialmente para essa finalidade. O som, no volume máximo. Deve funcionar.

Também não funcionou? Bem, se o grupo for pequeno e íntimo, você pede desculpas, diz que vai dormir, pois no dia seguinte começa a trabalhar cedo, e que eles batam a porta quando forem embora.

Mas suponhamos que você seja daquelas que gostam que a festa não acabe nunca. Mesmo assim, não exagere, como aquela anfitriã em Salvador que me perguntou, às sete da manhã: "Mas já vai? Alguma coisa te contrariou?".

Se você algum dia deu um jantar, então sabe o que é a solidão da manhã seguinte, quando você está louca para comentar a noite, saber o que as pessoas acharam, se tudo funcionou bem, se rolou algum romance etc., e ninguém telefona. Eu fico arrasada, quero morrer. Pense nisso e, sendo a anfitriã sua amiga íntima, ligue — ela vai adorar.

Se o seu jantar for aquele de retribuições, quando você convida todo mundo que te convidou e outros mais, pode também contratar um organizador de festas. Eles sentam com você, e numa tarde está tudo resolvido: lista de convidados, o que vai ser servido, a bebida, o tipo de flor, se vai ou não ter manobrista; você não vai ter que fazer absolutamente nada, a não ser assinar o cheque. Bom, não?

4
TOLERÂNCIA ZERO

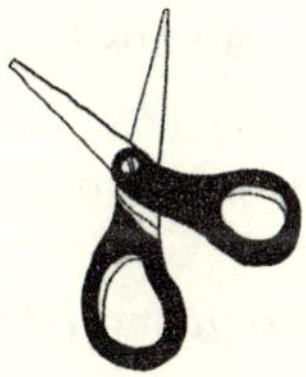

TENHA CORAGEM para passar um rodo na sua vida e tirar dela, definitivamente:

- os que não têm mais nada a ver com você;
- os deprimidos por opção;
- os que você aturava quando era uma idiota e não agüenta mais;
- os que fazem dieta e só falam disso;
- os que só vão aos lugares da moda;
- os invejosos;
- os que só pensam em fazer negociatas com o dinheiro público;
- os que não gostam de você de verdade;
- os que você sempre odiou mas fingia que tudo bem;
- os politicamente corretos de carteirinha;
- as que botam camiseta, jeans e sandália e ficam elegantíssimas, enquanto você gasta uma grana preta e se acha sempre um lixo;
- os que não acham você o máximo;
- os ex-namorados que tiveram a ousadia de ser felizes depois;
- os que não te tratam como uma rainha;
- as que comem e não engordam;
- os que querem te obrigar a fazer o que você não quer;
- os que fazem você esperar seja lá pelo que for;
- quem comeu o último chocolate de sua caixa;
- aquela amiga que saiu para jantar com o namorado que você largou (por outro) há quinze anos;

- os que deixaram de beber e fumar, patrulham os que bebem, e falam mal do cigarro, esse companheiro maravilhoso, que não reclama, não discute a relação, é leal, não se mete na vida de ninguém e está sempre por perto, na alegria e na dor, na pobreza e na riqueza, para o que der e vier;
- os intolerantes e insuportáveis como eu.

5
AS NOVAS TRIBOS

MÃES SOLTEIRAS

Um dia você acorda e pensa: estou com 35 anos, não tenho namorado nem marido, todas as minhas amigas já têm filhos, o tempo está passando, quero ter o meu. Única solução à vista: produção independente.

Existem várias maneiras de ter um filho sozinha, e a única proibida, em nome da ética, é forçar a barra para obrigar o pai a ficar etc. etc., a famosa chantagem emocional. Isso, nem pensar.

Aí, você tem algumas opções, a saber: procurar um ex-namorado com quem continua se dando muito bem e propor que ele seja o pai do seu filho — deixando claro que nunca, jamais, vai cobrar nada dele, nem no sentido material nem no afetivo; seria apenas um ato de amizade. Ele vai topar ou não, uma transação super-honesta.

Ele não topou: você propõe a um amigo, sob as mesmas condições. Se ele concordar, tudo maravilhoso. Se não, as coisas começam a se complicar.

Mas o instinto maternal pegou você na veia, você quer porque quer um bebê, e não dá para esperar. Bem, aí vai ter que partir para escolher alguém com características que você gostaria que seu filho tivesse, tais como bom caráter e inteligência, 1,90 m de altura, olhos azuis etc., até porque é fatal: todo filho de mãe solteira é a cara do pai.

Se sua opção for essa, faça uma cena rápida de sedução — no período fértil — e, quando se descobrir grávida, não diga a ninguém, nem sob tortura, quem é o pai (muito menos a ele).

Vai ser difícil, a tentação vai ser grande, mas você não pode chegar para o homem que escolheu, sem ele saber, para ser o pai do seu filho e dizer: “Estou grávida”, assim, como se nada fosse. Inventou, agüenta — e o futuro a Deus pertence.

Existe ainda outra opção que pode dar muito certo, se os astros estiverem a favor: é escolher para pai um amigo gay de quem você goste muito, mas muito mesmo. Se ele não tiver verdadeiro hor-ror a mulher, poderá ser o paraíso.

Mas voltemos à heterossexualidade. Pode também acontecer o que não estava no programa: não era um namoro firme, apenas uma relação — boa, mas eventual —, vocês nunca falaram em morar juntos, muito menos em ter um filho, mas aconteceu. O que fazer?

Se você resolveu, corajosamente, ter o bebê sozinha (e tem certeza de que o filho é dele), a primeira providência é comunicar — situação, aliás, saia-justíssima. Mas com a decisão já tomada, sem pressão. Por não ter sido uma gravidez programada pelos dois, faz parte da ética não cobrar nada e não contar para ninguém além do envolvido, ainda que ele seja solteiro.

Mesmo não se rejubilando com a notícia, esse pai tem que se comportar de maneira correta: dizer se pretende ou não assumir seus deveres — e quais — e que estará ali para o que der e vier — afinal, vocês tinham uma relação, e o filho também é dele.

Agora, para as amigas: será de bom-tom nunca perguntar quem é o pai. Mordam a língua, dêem presentes, façam tudo, digam tudo, qualquer coisa, e depois do nascimento nada de querer saber se ele manda dinheiro e se visita o bebê. Se ela quiser, conta.

A perfeição: ao contar a uma amiga que estava grávida, a outra a abraçou, beijou, deu os parabéns e perguntou: “E você vai casar?”. A resposta tendo sido “não”, ela nunca mais tocou no assunto, a não ser para saber como ia o bebê. Chiquérrima, essa amiga — e bem-educadíssima.

Mas atenção: a criança vai crescer, e um dia esse pai — esse a quem você contou — vai ter que ir ao cartório assumir a paternidade; é o mínimo que se espera de um homem.

Aliás, o mínimo, não. Além do apoio moral, algum apoio

material será sempre bem recebido. Afinal, um bebê custa caro: babá, roupinhas, brinquedos, colégio etc.

P.S. 1: Se você optou pela produção independente e ele (o pai) não quis nem saber, nada de, anos depois, entrar na Justiça para pedir o exame de DNA. Mas a criança um dia vai querer saber de quem é filha, e tem esse direito: direito emocional, moral e, nos dias de hoje, até legal, é bom que se saiba. Que o pai saiba.

P.S. 2: Me lembro de ter visto uma foto de Romário com quatro, cinco ou seis filhos, todos assumidos numa boa, e fiquei pensando como os jogadores de futebol costumam ser generosos no quesito paternidade. Mas nem todos: *remember* Pelé.

P.S. 3: Mas agora surgiu essa nova complicação, as moças casam, têm um filho, e dois anos depois dizem que o filho é de outro. E o registro de nascimento, como é que fica? E a cabeça do que pensava que era pai e amou a criança achando que era sua? Grandes problemas, que não imagino como serão resolvidos.

AS NOVAS CONQUISTADORAS

As mulheres que resolveram se comportar como os homens inauguraram uma nova tribo lá pela década de 1980, 1990. Jogam charme, conquistam, levam para a cama e depois dispensam. Eles, pouco acostumados a esse tipo de procedimento, ficam um pouco zonzos, e é interessante acompanhar esses romances nas revistas de fofocas.

Você se lembra daquela brincadeira chamada Escravos de Jó? Pois é assim: são sempre as mesmas garotas trocando de par, e esses pares, não por acaso, são sempre os mesmos garotos, e, também não por acaso, elas/eles são sempre atrizes, atores e modelos em ascensão.

Nada contra, mas não dá para elas serem um pouquinho mais criativas e procurarem outras pessoas, com outras profissões, gente que freqüente restaurantes além dos da moda e que não saia nas colunas?

HÉTEROS SENSÍVEIS (HS)
Com a colaboração inestimável de Xico Sá

Existe uma nova turma de homens modernos, héteros, que trabalham pouco e em casa, moram em predinhos antigos, lêem revistas de estilo — importadas —, tipo *ID*, *Esquire*, *GQ Magazine*, entendem de decoração e de moda, estão por dentro de todas as tendências, demoram para se arrumar como as mulheres, fazem uma massinha — sempre com manjericão — para a namorada e entendem de vinho. "Ah, esse buquê...", dizem, com um jeito entre o natural e o *expert*, impressionando sempre à mesa.

Eles não costumam ter emprego fixo, vivem de frilas, são pouco vistos em restaurantes e bares da moda, se dedicam às prendas do lar, são capazes de questionar o *design* de uma luminária e de gastar um dia inteiro, solidários, em visita a feiras de decoração e às *fashion weeks*.

Os HS não saem correndo quando elas querem falar do relacionamento. Muito pelo contrário, são capazes de puxar a DR, como abreviam a "discussão de relação". Adoram música *lounge*, algo como uma bossa nova com batidinhas eletrônicas, como todos já sabem a essa altura. Maravilhoso, não? Mas ninguém me convence de que eles não têm um lindo paetê cravado na cabeça. Ou, como diz meu neto João: "Ou é homem ou é sensível".

OS CONSUMISTAS

Essa é uma raça em extinção.

É claro que todos gostamos de comprar uma bolsinha nova e um sapatinho novo, mas aquele frenesi de comprar, comprar, comprar já era — até porque nos armários não há lugar para botar mais nada.

Ficou fora de moda consumir o tempo todo, falar de grifes o tempo todo, se enrolar no cheque especial e no cartão de crédito para ter as coisas. Aliás, para ter as coisas, não: para dizer que se têm as coisas.

A conversa de dois consumistas é apenas insuportável. Quem tiver mais de um neurônio e meio deve guardar uma distância de pelo menos cinqüenta metros dessas estranhas criaturas cujo único valor na vida são as coisas caras e as marcas famosas.

Esse tempo já acabou, e quem quiser ter um *cashmere* da melhor qualidade, mesmo que para isso venda a alma, deve comprar, até porque mais vale um gosto do que seis vinténs; mas para seu prazer pessoal, sem jamais dizer a ninguém de que marca é nem quanto custou.

Elegância é isso, gente.

PLAYBOY NOS DIAS DE HOJE PRECISA TER:

- um helicóptero bem caro;
- um jatinho;
- uma ilha em Angra;
- duas lanchas, uma grande e uma pequena;
- uma fazenda no sul da Bahia;
- academia em casa.

E sobretudo, *sobretudo*, precisa namorar várias modelos que estejam com o ibope lá em cima e morando no exterior, e ir trocando uma por outra, por outra e por mais outra. É necessário sair muito, mas muito mesmo, nas colunas e revistas especializadas em fofocas, e para isso é fundamental contratar uma boa assessora de imprensa.

OS POLITICAMENTE CORRETOS

Eu tenho um amigo que é tão politicamente correto, mas tão politicamente correto que, se você disser que fez um "programa de índio", ele faz um discurso. Proibido também dizer que alguma coisa "denigre" a imagem de alguém, ou que foi uma "judiação" o que aconteceu com fulano. E, em tempos de guerra, nenhum evento pode "bombar", pois coitadinhas das vítimas dos terroristas.

Fuja dessa turma como o diabo da cruz, mas, se um dia o destino botar você na mesma mesa com um desses estranhos indivíduos, aja de maneira corretíssima, isto é, implicando bastante.

Comece logo acendendo um cigarro, e vá emendando um no outro, sem parar.

Em seguida, para marcar logo uma posição, conte que, quando chegou, entrou de frente e estacionou primeiro numa vaga em que alguém estava tentando entrar de ré.

Fale mal de todas as minorias e do feminismo.

Conte que comprou uma jaqueta di-vi-na de onça verdadeira e uma mesa de mogno, tudo de contrabando.

Diga que tem um xale de *pashmina* bordado por crianças que vivem em regime de escravidão num mosteiro da Índia.

Fale do seu próximo roteiro turístico: um safári num lugar proibido. Diga que adora casquinho de muçuã e que paca assada é uma delícia. Acompanhados por um palmito assado, que é manjar dos deuses.

E diga que odeia passeatas pela paz com direito a camiseta e tudo.

Que, como a lei tolera que uma mulher sozinha fure um sinal de madrugada, você fura todos, a qualquer hora do dia. E que nunca tem problema para encontrar vaga nos *shoppings*, pois costuma parar nas vagas para deficientes. Dê toda a razão a Nelson Rodrigues, que dizia que as mulheres gostam de apanhar.

Que você quer matar quando, na 25ª esquina, aparece uma criança te chamando de tia e querendo vender chiclete.

Conte que tem o hábito de, antes de sair do elevador, apertar todos os botões. E que adora os italianos, porque eles costumam furar filas.

Diga que nada como um bom machão para botar uma mulher na linha, e que todas temos alma de mulher de malandro.

Na seqüência, desenvolva um raciocínio explicando que homens e mulheres são diferentes, e que os direitos não devem ser iguais para os dois sexos.

E, se nem assim a pessoa se levantar para ir embora te xingando bastante, vá embora você.

6
ASSUNTOS

CITANDO GOETHE: “Na sala, debatiam-se idéias, enquanto na cozinha falava-se de pessoas”.

A primeira regra de um *causeur* é saber ouvir.

Não conte histórias intermináveis, não relate sonhos (nunca, jamais, a não ser para os psicanalistas ou para os adivinhos tibetanos, segundo a corrente que você segue), não conte que quase bateu o carro e aí o outro motorista etc., não pense que uma festa é um consultório, isto é, não fale sobre você, você, você. Falar de si próprio é o melhor assunto do mundo, mas para isso é preciso pagar — e caro.

Se você não domina o assunto que está sendo debatido, ouça com atenção, faça perguntas. Não improvise sobre o que não conhece: não tem nada de mais dizer que não sabe o que pensar do programa de renda mínima ou dos tais desenvolvimentos sustentáveis, dos transgênicos, das cotas raciais e do plantio de cogumelos do sol. E passe a ler mais jornais.

Seja atento, curioso, interessado. Ouça olhando nos olhos, mesmo que seu pensamento esteja a léguas de distância. Não há nada pior que um ouvinte distraído.

Exibir erudição é pedante e antipático. Se você for mesmo muito culto, fique na sua, fale pouco, seja modesto.

Em festas, evite discorrer sobre negócios, apesar de essas ocasiões serem ideais para novos contatos. A não ser que esteja em São Paulo, claro, onde numa única noite você é abordada para ouvir sobre 27 novos projetos.

Médicos em festas costumam atrair uma roda de hipocondríacos. Não aproveite o encontro casual para fazer uma pequena consulta, a não ser com um cirurgião plástico ou um endocrinologista. (Pediatra também está liberado, caso seu filho seja muito pequeno e você ainda esteja naquela fase de ficar controlando a respiração dele no berço, para saber se tudo está correndo bem.) Receita infalível, se você for o médico: com a cara mais séria do mundo, diga: "Tire a roupa que eu vou te examinar".

"*Dropping names*": você conhece essa expressão? Literalmente, significa citar nomes importantes no meio da conversa — e, em geral, tudo mentira. Explicando melhor: há pessoas que, no meio de uma conversa casual, muito casualmente dizem: "Bill me disse", se referindo a Bill Gates, ou "Da última vez que eu e Jack almoçamos juntos, em Londres", falando de Jack Nicholson. Só quem tinha o direito de fazer isso era Nelson Seabra, porque, vindo dele, era tudo verdade.

Cuidado com o uso de expressões em outras línguas. Pode haver quem desconheça, e aí fica indelicado. Também falar demais de pessoas e lugares importantes aos quais o comum dos mortais não tem acesso é antipático, mesmo que você não esteja mentindo. Afinal, nem todos têm a chance de ser tão viajados, bem relacionados, cultos, inteligentes e brilhantes como você.

Encontrando um velho amigo, resista às reminiscências. "Lembra de fulano?", "Que fim levou sicrano?". Esse papo costuma terminar em grande depressão. E provocar enorme tédio nos circunstantes que não têm idéia do que vocês dois estão falando.

Evite comentar sobre seus sucessos com quem está em má fase. Sobre seu maravilhoso trabalho, com quem está desempregado. Sobre as maravilhas da dieta incrível que você descobriu e que te deixou com o corpo da Kate Moss, com aquela amiga que deveria perder uma arroba para ficar apenas gordinha. Sobre seu estonteante namorado, com quem está sem nenhum. Além de indelicado, pode atrair olho gordo.

Pintou baixaria, e começaram a falar da vida dos outros. Mal, naturalmente. Procure não contribuir para que o assunto floresça. Mas, como ninguém é madre Teresa de Calcutá, pode ser que você tenha uma novidade daquelas irresistíveis. Mesmo assim, lembre-se: um fato comentado entre duas pessoas íntimas é uma coisa, mas numa roda é bem mais grave. Agora, cá pra nós: um assunto maldoso anima qualquer reunião. E ainda bem que sempre aparece um amigo conhecido pela maledicência para inaugurar a sessão.

Palavrões. Há quem tenha o dom de dizê-los como se falasse de flores, enquanto em certas bocas sua característica de palavras de baixo calão parece se exacerbar. Se você não sabe ao certo em que categoria se encaixa, melhor não arriscar.

Vai contar uma história e sentiu que, exagerando, fica melhor? Vá em frente, sem o menor pudor.

Nada é mais chato do que ouvir uma história pela segunda vez. Como estamos todos um pouco esclerosados, pergunte antes: "Já te contei essa história?".

Ria muito das histórias que são para rir, mesmo não achando muita graça. Se for o caso, mostre-se compungido, e até chore se for necessário; mas também não é preciso soluçar.

Procure ser bem informado. Leia vários jornais, boas (e más) revistas, os livros mais recentes, releia os clássicos. Mesmo superficialmente, saiba o que acontece na política, na moda, nas artes e afins. E até nas novelas: se você não tem a menor paciência para seguir a do momento, acompanhe (bem de leve, não precisa ir fundo) pelos suplementos de jornal dedicados à televisão que costumam vir nas edições de domingo.

Inteligência, charme e simpatia salvam uma festa, enquanto baixaria e maldade são intoleráveis. Mas, se o assunto começar a cair, o remédio mais fácil continua sendo: sexo, drogas e *rock-and-roll*. E corrupção, é claro.

Não seja radical em suas opiniões. Tenha flexibilidade para mudar, se ouvir uma melhor que a sua. Se todo mundo estiver de acordo, morre o assunto. Mas tem gente que tem a mania de discordar sempre, o que é uma chatice. Cuidado com o excesso de sinceridade. Melhor uma mentira boa do que uma verdade horrível. Ou então um oportuno silêncio: se alguém diz que um determinado filme (que você detestou) é um dos mais lindos que já assistiu, que mudou seu modo de pensar etc., para que externar sua opinião? O outro vai se sentir miseravelmente medíocre.

Defenda a monarquia com veemência, só para provocar. É preciso, às vezes, ser incoerente para animar uma festa.

Se quiser que o mundo saiba de uma determinada história, escolha a pessoa certa, conte e peça segredo absoluto. Faça-a jurar pela mãe, pela alma da mãe, se for o caso, para reiterar a gravidade do sigilo. É tiro e queda.

A graça e o humor devem acontecer na hora, espontaneamente. Daí o pavor que é um humorista de salão. Se alguém começar a contar uma piada na minha presença, saio correndo — e digo por quê.

7
DINHEIRO

DINHEIRO, SAÍDAS

Houve um tempo em que falar de dinheiro era feio, mas atualmente quase não se fala em outra coisa. Então, vamos lá?

Nos dias de hoje é perfeitamente natural telefonar para um amigo/amiga e dizer: "Vamos jantar, eu, Marcelo, Lílian, cada um paga o seu, quer vir?". Depois dessa primeira vez, já fica estabelecido que as contas com esse grupo serão sempre divididas, e não se fala mais nisso.

Mas, quando é um amigo rico que te convida, não se mexa. Trata-se de distribuição de renda.

No caso de ter saído num grupo tipo "cada um paga o seu", quem não bebeu paga menos, obviamente. Quem estiver fazendo a divisão deve dizer: "Eduardo, que não bebeu, paga tanto". E quem estiver fazendo a divisão não deve ter bebido, é claro.

Quando você sai pela primeira vez com um homem e ele pergunta aonde você quer ir, peça três opções; aí, você escolhe uma. Quando a conta chegar, cabe a você propor dividir. Conforme a reação dele, você insiste ou deixa pra lá. Não aproveite a situação para fazer um discurso sobre a igualdade dos sexos etc.

Se, afinal, não dividiram a conta porque ele não deixou, você pode sempre dizer: "Então, tudo bem, mas a partir de hoje a gente divide, o.k.?". Se o cavalheiro ainda assim disser: "Não, imagine", então você esquece, e pronto.

Se você, mulher, quer retribuir a quem sempre te convida, e não tem condições para fazê-lo em casa, convide a pessoa para um restaurante, chegue antes e deixe o cartão de crédito com o *maître*; na hora de ir embora, simule uma ida ao toalete para assinar.

Leve sempre na bolsa dinheiro suficiente para poder voltar para casa de táxi, se for o caso. Muitas vezes é.

Quando ele perguntar: "O que você vai beber?", devolva a pergunta com um: "E você?". Bem prático.

Se sua namorada tem mania de champanhe, seja indulgente. Talvez ela não tenha bebido o suficiente em criança.

Se o cavalheiro disser: "Aqui tem uma pizza ótima", não hesite: diga que adora pizza e deixe para começar a dieta no dia seguinte.

Se você está a pé e a moça vai te buscar no carro dela, na hora de voltar você deve levá-la até em casa e pegar um táxi. Se ela disser que não precisa etc., ainda assim insista. Se ela for mesmo inflexível, será gentil de sua parte, apesar de inútil, dar um tempo e telefonar para ver se ela chegou bem. Se nenhum dos dois tem carro, podem marcar direto no restaurante, mas que o homem seja mais do que pontual e chegue uns dez minutos antes, para não deixá-la esperando. Dependendo do atraso, ela poderá já estar com outro quando ele chegar.

Se você convidou alguém para o restaurante, jamais, mas jamais mesmo, faça comentário algum sobre o preço de um prato. Nem para dizer que é baratíssimo, menos ainda para dizer que é caro. Se quer ser mesmo muito elegante, vá logo dizendo: "Não quer uma lagosta?". É um risco, claro, o outro pode aceitar. Mas, se for tão elegante quanto você, poderá responder: "Olha, não vou querer porque só como lagosta no Palm, em Nova York". *Chapeau* para os dois.

Só são permitidos comentários sobre preços de restaurantes que estejam situados do outro lado do oceano. Ou então no outro hemisfério.

Se você convidou, não vá anunciando que não precisa trazer o *couvert*, nem sugira dividir o prato alegando que está sem fome. Se o restaurante está acima de suas posses, é simples: não vá. Existem muitos outros, mais de acordo com o seu padrão, onde você poderá se comportar elegantemente sem se preocupar com a conta.

Estando no carro da moça, pague sempre o estacionamento ou o manobrista.

Ao receber dinheiro, seja no guichê de um banco, seja das

mãos de sua maior amiga ou de sua mãe, conte. Conte na presença da pessoa. Se houve engano, resolve-se na hora. Se não se resolve na hora, não se resolve nunca mais. Quando é você quem está entregando o dinheiro, insista para que o outro confira.

Se amigos se encontram casualmente num *vernissage*, por exemplo, e resolvem jantar juntos, é claro que essa conta é dividida. Afinal, ninguém convidou ninguém.

Basicamente, a coisa funciona assim: quem convida deve estar preparado para pagar. E quem foi convidado, para dividir.

No caso de ter um namorado rico que paga sempre todas as contas, proponha às vezes que ele vá jantar na sua casa. Se não der, porque você mora com a família etc., que seja na casa dele. E leve o vinho, o champanhe ou a sobremesa, é bem gentil.

Se o grupo combinar de jantar num restaurante e você estiver absolutamente duro, coma um cachorro-quente antes de sair de casa e, à mesa, peça um chá, alegando uma terrível gastrite ou úlcera; apesar de banal, também vale dieta, sobretudo aquela da Lua, que constrange a vítima à ingestão de líquidos uma vez por semana.

Quando for levar sua dama em casa, dificilmente você vai encontrar uma vaga para estacionar e poder acompanhá-la até a porta, como seria o correto. Sendo assim, arrisque uma fila dupla e espere a moça entrar no prédio para dar partida no carro. Antes de ir embora, tenha certeza de que ela está em total segurança.

8
AMIZADES

SAGRADAS, AS AMIZADES. E o que é necessário para que duas pessoas sejam amigas? Algumas afinidades, ética rigorosa no comportamento, lealdade inquestionável. E, o mais importante, aquela coisa que não se define, nem na amizade nem no amor, que não se sabe por que acontece: o gostar. Mas lembre-se de que, com os amigos, deve-se fazer como fazem os bancos: recadastramento periódico. As pessoas mudam, freqüentemente para pior.

Se seu amigo cometeu uma supergafe e você acha que ele é do tipo que gostaria de ser corrigido, para aprender e não repeti-la, corrija. Mas na intimidade, só vocês dois. E não conte a ninguém, jamais, o erro que ele cometeu, muito menos que foi você quem ensinou a ele o procedimento correto.

Seja discreta. Se perceber que sua amiga está sonegando a você alguma coisa da vida dela, não entre em paranóia imediatamente: lembre-se de que ninguém é obrigado a contar *tudo* a ninguém. Mas num segundo momento puxe pela memória e seja honesta consigo mesma: quem sabe você não cometeu alguma indiscrição a respeito de fatos da vida dela e ela ficou sabendo?

Se você descobriu — sem sombra de dúvida — que sua amiga e confidente se fez de mais do que engraçadinha com seu marido — em alguns casos vale também para ex-marido —, corte direto, sem perdão. Já que não pode matá-la, o que seria o ideal, rompa, ignore-a, nunca mais a cumprimente. Há certos crimes que não prescrevem — e traição de amiga é um deles. De marido é menos grave, acredite. Até porque eles acabam confessando.

Não revele pormenores de seu namoro para suas amigas. Um dia, uma delas pode usar tudo o que ouviu para seduzir seu namorado e até fazer uma bela intriga, contando o que você, num momento de fragilidade, contou. Tem gente assim, viu? Cuidado.

Às vezes a vida separa as pessoas. Marido novo, interesses novos, acontece. Se sua amiga, que vivia na balada, vira zen, ainda que a amizade permaneça, o assunto acaba, claro. (Isso se você for mais para a turma da balada, *ça va sans dire*.) Mesmo que você fique triste, tente entender. O gostar não inclui necessariamente a convivência. Se vocês se gostam mesmo, podem um dia se reencontrar e tudo voltar a ser como era antes, sem cobranças do tempo em que não se viram nem se procuraram. É tão bom amizade assim.

Um cansaço, aquela amiga que lembra mais da sua vida do que você mesma — e em detalhes. E que não só lembra, como insiste em falar, quando tudo o que você quer é precisamente esquecer. Amigas devem ter pouca memória sobre nossa vida. Ou pelo menos discernimento para saber quando desenterrar um episódio perdido nas brumas.

Adoro a história de alguém que, ao ser perguntada sobre quem era sua melhor amiga, respondeu: "Depende. Para falar de moda, Susana. De receitas, Joana. De doenças, empregadas, Marina. Para viajar, Regina. Para falar de problema de filho, Odete. De namorado, Ana. De dieta, Márcia".

Volto à tecla da indiscrição. Adoro aquela que vai logo avisando: "Se for para guardar segredo, nem me conte. Se eu não puder repetir, não vejo a menor graça".

Se ouvir de um amigo: "Olha, vou te dizer uma verdade que talvez você não goste", responda sem hesitar: "Então não diga. Só quero ouvir mentiras que me façam muito feliz". E, se for você que estiver do outro lado do balcão querendo dizer algumas verdades a alguém, diga, mas depois não reclame.

Não economize elogios. Se você acha uma pessoa bonita, um prato, saboroso, uma casa, aconchegante, diga, diga, diga. Dê prazer aos outros. Mas com sinceridade, para não soar como aquelas vendedoras de hoje, que parecem ser instruídas para elogiar algo do provável cliente e não perdem oportunidade de dizer que seus óculos são bacanas, seu colar, muito original, ou seu cabelo, incrível. Argh!

Se um amigo te pedir um favor, nunca comente depois o trabalho que te deu, tudo o que você teve que fazer para conseguir etc. A pessoa fica te devendo — e nada pior do que esse tipo de dívida.

Nunca fique amiga de alguém só porque esse alguém é rico. Não convide para madrinha ou padrinho de casamento, de filho etc. Dinheiro não é sarampo, não pega. Não perca tempo tentando se fazer de esperta; essa mistura, *business and pleasure*, não dá certo.

Amigas que se mostram tão solidárias nas horas difíceis deviam fazer um esforço para também o serem nas horas de sucesso.

É preciso ser muito amiga para dar força a um amigo que perdeu o emprego. Em lugar de dizer: "Pensamento positivo" e bobagens do gênero, pense nos talentos que ele tem, onde poderia exercê-los, que empresas teriam espaço para ele. Dê idéias, quem está sem trabalho fica meio baratinado e sem rumo.

Todos nós temos um amigo sem o menor caráter, que tem a língua solta, é indiscreto e fala mal de todo mundo. É uma delícia ter um amigo assim, mas não se iluda: logo que você virar as costas, ele vai fazer com você a mesma coisa que faz com os outros, isto é, ser indiscreto e falar mal. E os outros vão adorar.

Existem pessoas que amam a depressão; devem amar, só podem amar, pois não conseguem sair dela. Para essas, só dizendo como Rita, minha neta: "Vai procurar um tanque".

9
EMPRÉSTIMOS

NÃO É A QUALQUER PESSOA que se pode pedir alguma coisa emprestada. Há quem não goste, e esses geralmente nunca pedem nada.

Não obrigue a pessoa a ter que pedir de volta o que te emprestou — nada mais constrangedor. E mais: a displicente costuma fazer comentários do tipo: "Mas que coisa, tamanha saia-justa por causa de um simples livro". Melhor não pedir, mas, se não houver jeito, devolva no dia seguinte, de preferência com flores.

Antes de emprestar, avise que você empresta numa boa, mas tem o péssimo hábito de querer de volta.

Se houver perda ou dano, não conte ao dono; tente resolver o problema e falar com ele quando o caso já estiver solucionado.

Jóias, coisas que podem quebrar, que não podem ser repostas, melhor evitar.

O carro: muito arriscado. Mas, se pedir, devolva lavado e com o tanque cheio. Sem ter recebido nenhuma multa nem atropelado ninguém.

Um vestido, uma blusa etc. (sapatos nunca), tudo bem, se você não tiver o busto muito maior do que o da dona, para não alargar. Faça uma vistoria, para que não volte com nenhuma mancha ou sem um botão — tudo tem que estar impecável.

Não pense que livros, CDs, DVDs você não precisa devolver. É claro que precisa. E, na hora da devolução, que tal oferecer um livro ótimo que você acabou de ler? Gilberto Braga, que empresta com o maior prazer, tem uma agenda onde anota o que emprestou, a quem e em que data. E cobra a devolução. Certíssimo.

Tenho outro amigo que, quando lhe pedem dinheiro emprestado, calcula 20%, 30% do valor pedido e oferece, dizendo claramente que é um presente. Assim, segundo ele, fica mais barato — e não se perde o amigo.

Falando em dinheiro: se você precisa mesmo pedir, diga no ato quando vai devolver. Se por infelicidade não puder pagar na data prevista, telefone, explique, marque outra data. Sobretudo não desapareça. E, de preferência, pague, claro.

Trate sempre as pessoas da mesma maneira. Tratar melhor quando elas são poderosas e mudar o tratamento quando deixam de ser é lamentável.

10
APRESENTANDO PESSOAS

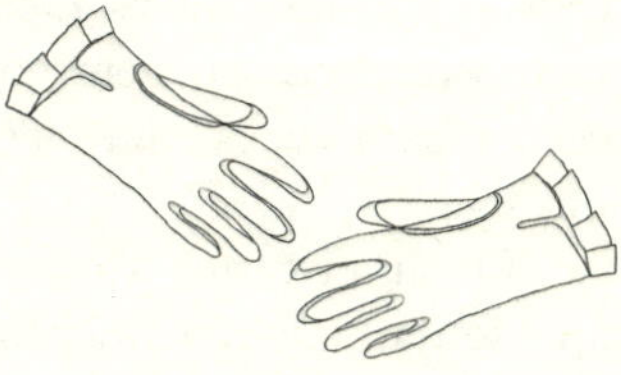

QUANDO LEIO: "O homem é sempre apresentado a uma senhora. Os mais velhos aos mais jovens, salvo o presidente da República ou altos dignitários da Igreja. O rapaz é apresentado à moça, a senhora ao cavalheiro muito idoso; o mais jovem não estende a mão antes que o mais velho o faça, o homem não estende a mão a uma senhora", acho que querem me enlouquecer. Leio, releio, me sinto uma idiota porque não consigo, simplesmente não consigo, lembrar e sincronizar tudo isso. E quem tem a precedência, um ministro do Supremo Tribunal Federal ou um ministro de Estado? Será que vou mesmo ter que aprender essas regras tão tiranas e, para a maioria das pessoas, tão inúteis? Já resolvi: não sei, nem vou aprender, porque não quero. Vou contar para vocês como faço, e quem achar que estou certa que me siga.

Os americanos são os mais práticos nesse item. Quando apresentam alguém, vão logo dizendo: "Esse é Luís Henrique, grande arquiteto do Brasil. Agora mesmo resolveu construir um *shopping center* no Acre, o pior é que pode dar certo. Já projetou um hotel no Pantanal, costuma passar férias numa ilha da Noruega, toma uísque em dois copos ao mesmo tempo, foi seminarista, tem horror a comida japonesa e não perde o Festival de Salzburgo". Depois do longo prólogo, faz o mesmo em relação à outra pessoa. Logo, logo, o outro (que também é americano) vai perguntar o preço de seus projetos, o quanto ele *makes a year* etc. O que poderia assustar um brasileiro é perfeitamente normal em outras culturas. Pecado seria, por exemplo, apresentar alguém dando como referência o fato de ter sido ex de fulano ou de sicrano.

Dependendo do tipo de pessoa, idade, da hora e do local, dá

para apresentar informalmente, dizendo apenas o primeiro nome de cada um. Já pensou, num barco, as pessoas semidespidas e alguém dizendo "Júlio Rego, Sérgio Figueiredo"? Bem mais de acordo: "Julinho, Sergio", e fim de papo. Quando o grupo já está formado, basta apresentar assim quem chega: "Este é Constantino". E com um gesto, mas sem apontar: "Lígia, Marcelo, Pinky, Zuca". Essa maneira vale para boates, estádios de futebol, autódromos, desfile de escola de samba, e por aí vai. Aliás, vira um exercício curioso. Quando não se sabe direito quem é quem, corre-se o risco de achar mais charmoso o marinheiro do que o dono da lancha.

Quando apresentar duas pessoas, procure dizer alguma coisa do tipo: "Vocês têm um amigo comum". Ou um *hobby*. Nunca uma namorada.

Após duas da manhã, as apresentações costumam ser muito informais: "Você conhece essa gracinha?". Depois dessa hora, ninguém se entende mesmo.

Se você encontra uma pessoa e percebe que ela não está te reconhecendo, nada de: "Lembra de mim? Garanto que não está lembrando". Vá direto: "Lembra de mim? Sou fulano, e nos conhecemos em casa de beltrano em Paris". Se você for a vítima do fatídico "Aposto que você não está se lembrando de mim", seja franco, diga logo que não é bom fisionomista, que está esclerosado, e acabe com a tortura.

Ao se apresentar pessoas, a ordem é deixar as duas bem à vontade, tipo: "Coppola, você conhece Babenco, claro".

Tratar uma pessoa mais velha por você é uma coisa que, contrariando todas as regras, costuma alegrar muito o coração de um idoso.

Quando você chega a uma casa, bar ou restaurante e encontra um grupo já instalado, não é preciso estender a mão ou beijar cada um. Dê um alô geral, e tudo bem.

Havendo intimidade para um abraço e o abraço acontecendo, cuidado. Com os cabelos, colar, brincos, decote etc. Uma vez, recebi um abraço superafetuoso. Tão afetuoso que o dedo de quem me abraçava tocou, com todo o afeto do mundo, o ponto dolorido da minha coluna. Cada vez que vejo esse amigo, me lembro da dor e morro de medo de que a cena se repita.

Num casal, um dos dois é famoso e o outro nem tanto. Não cometa a indelicadeza de só dar atenção ao famoso.

Um homem sempre se levanta para ser apresentado a uma mulher ou a um homem mais velho. Mas em restaurantes, bares e boates ficam liberados do gesto — devido à falta de espaço —, bastando dizer: "Desculpe, não dá para levantar".

Já as mulheres não se levantam nunca. Nem em apresentações, nem em cumprimentos. Só se for para uma anciã, um cardeal ou para a mulher do presidente — e continua valendo a desobrigação, no caso de estarem numa boate. Mas o que iriam fazer essas pessoas numa boate?

O beija-mão. Ah, o beija-mão. Se você aprendeu em criança com seu pai, que beijava mão como ninguém, maravilha. Se não é o caso, fique na sua, observe muito, treine com sua irmã, prima, mãe, copie. Há muitas coisas que não se aprendem num livro, e essa seguramente é uma delas.

Aos de outra religião, nada obriga a beijar o anel de um cardeal ou do papa.

Manda o protocolo que as pessoas se dirijam ao presidente da República chamando-o de senhor presidente, Vossa Excelência. Eu sempre chamei os presidentes apenas de presidente e senhor, e eles nunca reclamaram. Aliás, houve um que me disse: "Por que você não me chama de você?". Eu?, nem pensar. Ah, e outra coisa: depois que eles deixam a Presidência, o tratamento continua o mesmo: presidente e senhor. Menos para o Collor, claro.

11

AS MÁFIAS

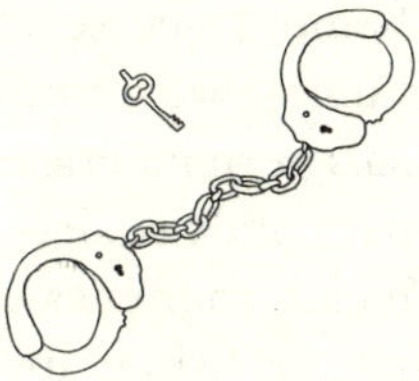

Uma mão lava a outra

EXISTEM VÁRIAS MÁFIAS que nos cercam durante a vida inteira e nós nem percebemos. Vamos a elas: são todos simpaticíssimos, vão às festas, saem nas colunas, conhecem to-do mun-do e são *tutti buona gente*.

A DA SAÚDE

Sempre que se vai a um médico, acaba-se tendo que ir a mais um — ou a mais dois, três, quatro. O primeiro — dentro da mais perfeita ética profissional, claro — indica um colega, e também onde se devem fazer os exames de laboratório, as ressonâncias magnéticas, as radiografias etc. E ainda indica os massagistas, os fisioterapeutas, os especialistas em RPG, acupuntura, shiatsu etc., pois cada um tem os seus — fora a homeopatia e a medicina ortomolecular, ai, ai.

A DOS DECORADORES

São eles que indicam o carpinteiro, o estofador e as lojas onde se devem comprar os tecidos, as torneiras, a louça do banheiro, o ar-condicionado, as antiguidades, as toalhas de banho, os lençóis, a TV, o DVD, as panelas, tudo, enfim, que pode existir dentro de uma casa. E ai de você se inventar de exercer seu direito sagrado de comprar sozinha alguma coisa. E a percentagem deles, como é que fica?

A DA BELEZA

O cabeleireiro dá o nome do maquiador, que dá o nome da que faz limpeza de pele, que dá o nome da dermatologista, que dá o nome do cirurgião plástico, que dá o nome da nutricionista etc. etc. (não necessariamente nessa ordem).

A DOS FESTEIROS

Nos dias de hoje não é possível pensar em dar uma festa sem a ajuda de um festeiro. Cada um tem sua equipe, isto é, os responsáveis pelas flores, pelo som, pela luz, pelo toldo, pelo aluguel dos sofás e poltronas, pelo bufê, pelas bebidas, os manobristas, seguranças, e sua própria lista de convidados — com endereço atualizado e CEP; eles sabem quem separou, quem casou de novo e com quem, e só com a ajuda deles é possível se divertir na sua própria festa sem ter que pensar se o gelo acabou, a que horas deve ser servido o jantar etc. Alguns decoradores também assumem o papel de festeiros, quando chamados.

A DOS JORNALISTAS

Está aí uma turma divertida com a qual conviver, pois são quase todos inteligentes e bem informados. É claro que nesse item existem várias subdivisões, mas, generalizando, eles não brigam entre si (não pela imprensa), a não ser os mais audazes, e ai de quem fizer alguma coisa contra a classe: corporativismo é com eles mesmos. Conselho aos amadores: não se briga com jornalista. Se sair uma nota dizendo que seu vestido era horrendo, fique fria, leve na boa. Se você espernear, o autor da nota pode pegar no seu pé para o resto da vida, e você não tem espaço para responder, a não ser com matéria paga — o que seria caríssimo.

E, por falar em não brigar com jornalistas: na minha opinião, eles são todos lindos, elegantes e charmosíssimos.

12
CURTINHAS

NÃO CHEGUE MUITO PERTO de seu interlocutor, nem o toque. Guarde a distância regulamentar de cinqüenta centímetros. A não ser, claro, que já estejam a caminho do motel, ou da casa de um dos dois.

Se espreguice muito, mas só na intimidade do quarto ou quando acordar de um cochilo, numa rede, por exemplo. Aliás, cuidado com cochilos. Já pensou se você ronca? E como saber se você ronca? Se for o outro que ronca, mesmo que seja seu marido, não diga, jamais.

A não ser na mais completa intimidade, nunca tire os sapatos na casa de ninguém. Se tirar, que seus pés estejam impecáveis. Aliás, se não tirar, também.

Se estiver viajando para o Japão, leve dúzias de meias. Lá, tira-se o sapato o tempo todo para tudo.

Se alguém estiver com o zíper aberto, os peitos de fora, avise discretamente (correndo o risco de a pessoa ficar com raiva por você ter estragado o número que ela preparou).

Alguém vai jantar em sua casa. No dia seguinte te manda flores, agradecendo. Se você, por sua vez, telefonar agradecendo, a ladainha não vai acabar nunca. Fique atenta: mande um *e-mail* ou, na próxima vez que se encontrarem, agradeça. Mas não esqueça.

Homens merecem flores às vezes. Por que não mandar no dia em que seu amigo está assumindo um cargo ou recebendo uma homenagem? Mas evite flores-do-campo, rosas vermelhas. Prefira orquídeas plantadas em vaso, por exemplo.

A enterros ou missas, não vá produzida. Não é necessário vestir preto, mas é imperdoável atacar de perua numa hora dessas. Missas e enterros não são festas, embora às vezes certos velórios sejam tão animados quanto, só faltando mesmo bebida e canapés. Eu ouvi outro dia, na fila de uma missa, duas embaixatrizes conversando, e uma disse para a outra: "Ah, mas então seu ascendente deve ser Áries" (e olha que eu estava mais ou menos dois metros atrás delas). Ainda no mesmo assunto: nunca estenda a mão para cumprimentar a viúva por cima do caixão. É horro-ro-so — e acontece o tempo todo.

Você encontra num jantar a coelhinha da *Playboy* do mês, aquela que foi pôster e que deixou você doidinho. Comporte-se. Não seja vulgar. Não trate a moça com intimidade, nada de piadinhas. Não seja grosseiro.

Os tratados de etiqueta divergem, mas prefiro subir a escada na frente, e que na descida o homem vá primeiro. Nada me dá mais segurança do que um ombro masculino onde eu possa apoiar minha fragilidade, geralmente equilibrada em saltos altos.

Se cruzar com uma celebridade, tipo artista, e disser que é fã, que a acha o máximo, a pessoa vai adorar. Mas pare por aí. Deixe-a em paz. Autógrafos, nem pensar.

Cuidado com o profissional da perfeição. Ele não esquece missa, casamento, batizado, aniversário, noivado, primeira comunhão, formatura, e em todas essas datas comparece ou manda flores, telegramas, presentes, enfim, não deixa você em paz nunca. Se estiver sem a menor paciência para agradecer, dê uma de louca e desapareça até ficar mais calma.

Se a sua babá te convidou para ser madrinha de casamento, nada de ir simplesinha, com medo de chocar. Vá superelegante, foi para isso que ela te chamou. E não se esqueça de mandar de presente o mais caro dos eletrodomésticos. Foi para isso também que ela te convidou.

Delicadeza é você não usar sua roupa mais deslumbrante quando sair com uma amiga mais para o modesta. E também não se espremer como uma salsicha dentro do seu tubinho mais apertado quando for sair com sua amiga gordinha.

Se você se acha uma Paloma Picasso e acredita num batom vermelho, cuidado com os beijinhos, as golas, os guardanapos. É sempre um risco ter uma amiga que usa batom vermelho.

Perguntar a idade de uma mulher é crime, só que ainda não previsto no Código Penal. Ainda. Mas, se ela revela e a juventude dela te surpreende, não assovie, comentando: "Mas ninguém diria".

Óculos escuros: o melhor amigo da mulher. Todo mundo usa, de manhã, à tarde, alguns até à noite. É uma pena que poucos tenham o trabalho de tirá-los na hora de um encontro, pois um olhar pode significar muitas coisas. Ah, e é bom sempre levar na bolsa, mesmo quando sair para uma festa. Nunca se sabe a que horas se vai voltar (nem se se vai voltar).

A televisão apresenta freqüentemente uma desumanidade a toda prova. Há anos vejo alguns jornalistas fazerem as mesmas perguntas, tipo: "O que a senhora sentiu quando a enchente levou sua casa com tudo o que tinha dentro, matou sua mãe, seu marido e seus seis filhos? O que a senhora pretende fazer agora?". Juro que não acredito no que estou vendo e ouvindo. Repórteres de vídeo, sejam menos óbvios e mais humanos.

Se você pegar um táxi com um amigo e ele entrar antes de você, não tome isso como má-educação, muito pelo contrário. A perfeição seria ele abrir a porta para você, dar a volta por trás do carro e entrar pela outra porta, mas, caso o trânsito não permita, ele pode ter o incômodo maior, que é o de entrar primeiro. Talvez seja bom que ele explique: "Estou entrando na frente para te facilitar".

Quando você tiver um encontro, de trabalho, de amizade, de sedução, nada revela melhor a importância que tem para você esse *date* do que a maneira como está vestida, arrumada. Estar elegante, "bem-apresentada", como se dizia antigamente, é sempre uma homenagem à pessoa com quem se vai encontrar.

Quando alguém lhe estender a mão, nunca recuse — a não ser que tenha fortíssimas razões para isso. Mas, se essas razões existem, a outra pessoa sabe, claro. Então, por que estendeu? Provocação?

Seja senhor absoluto de sua vida. Faça dela algo muito interessante — e que só pertence a você. E lembre-se: em qualquer setor, o problema não é o que se faz, mas como se faz. E com quem.

Respondendo a uma pergunta de José Simão, "Quando tem *Blitz* em boate, quem é que deve entrar primeiro no camburão, o homem ou a mulher?", claro que é o homem, pois, enquanto ele está embarcando, pode dar tempo para ela sair correndo.

13
BELEZA

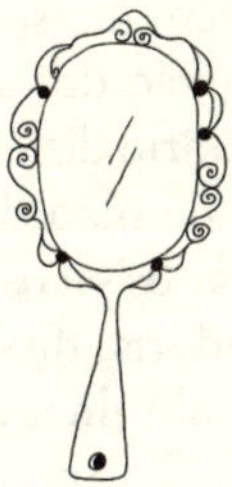

SE VOCÊ É DAQUELAS mulheres que nunca acordaram desejando ser uma irlandesa de cabelos ruivos ou uma *platinum blonde*, parabéns. Você deve ser muito feliz convivendo tão bem consigo mesma. Se resolveu assumir seus cabelos brancos, triplos parabéns. Acho lindo uma cabeça branca (desde que não seja a minha). Mas, se já chegou o dia em que você decidiu dar uma variada, ou permanecer nos 35 até os cem, atenção: a raiz dos cabelos deve estar impecável, nem um só milímetro aparecendo.

Aliás, é engraçado esse negócio de vaidade. Outro dia eu estava com obras em casa, e o operário disse que faltavam sacos para o entulho. Desci até uma loja de material de construção quase ao lado, e, apressada, queria levar os sacos sem embrulhar. O proprietário da loja, com rara sabedoria, disse no ato: "Dona Danuza, a senhora não vai sair sem embrulhar esses sacos. Já pensou se encontra com um ex-namorado?". Aprendi essa. Nem que seja quando vamos comprar um maço de cigarros, é sempre bom pensar que podemos cruzar com um ex-namorado. *Chapeau*.

O tempo, claro, não melhora a aparência de ninguém. Dizem que melhora a cabeça, mas ainda tenho minhas dúvidas. Aos vinte anos, a textura de nossas unhas é tão fina quanto madrepérola; os cílios são longos; os cabelos, sedosos; os dentes, naturalmente claros etc. Bem, quando as coisas começam a piorar, você tem que pagar o preço que for para se cuidar. Isso custa paciência, perseverança, tempo, dinheiro, mas vale a pena. Nada para te jogar na mais horrenda depressão como olhar no espelho e enxergar um monstro.

Alguns cuidados não custam nada. Corrija sua coluna. Tenha uma postura ereta. Respire fundo, use toda a capacidade dos pulmões. Ande uma hora por dia. Beba litros de água. Cuide-se.

Ame-se mais, muito mais do que a seu próximo. Nem todos têm a sorte de nascer deslumbrantes, com mãos e pés perfeitos etc., mas temos a obrigação de mantê-los sempre bem cuidados. Para ser gentil com os outros, para ser gentil com a gente mesma. Há paixões que acabam quando vemos pela primeira vez o pé do namorado. Ouviram, rapazes?

Lembre-se de que não existe ninguém irremediavelmente feio e nada que não possa ser melhorado. Todos têm essa possibilidade, e é tão divertido! Sabe aquele dia em que parece que tem uma nuvem cinza bem em cima da sua cabeça? Pois nesse dia, mais do que nunca, acerte sua coluna, levante a cabeça e vá em frente. Não pergunte por quê — é atraso de vida —, apenas faça.

Fora a atenção dispensada à beleza, procure ser organizada. Existem mulheres cuja bolsa é tão bagunçada que dá a impressão de que dela vai sair um filhote de jacaré. Leve sempre na bolsa batom, pó (pó-de-arroz), lenços de papel, escova de cabelo, escova de dentes, dentifrício, fio dental, guaraná em pó, tranqüilizantes (para o caso de ver numa vitrine um vestido que te tire o fôlego), cartões de crédito, *cash*, talão de cheques, caneta, documentos e camisinhas, de preferência importadas. E tudo em ordem.

Eu, quando saio de meias pretas, levo sempre outro par na bolsa para o caso de acidente. Seja prevenida.

Evite ser sempre muito original na maneira de vestir, mas de vez em quando — ah, de vez em quando — extrapole e seja mais do que original. Seja francamente extravagante.

Não se preocupe com a moda. Mas seja obsessiva com a elegância.

14
ETIQUETA NA ACADEMIA

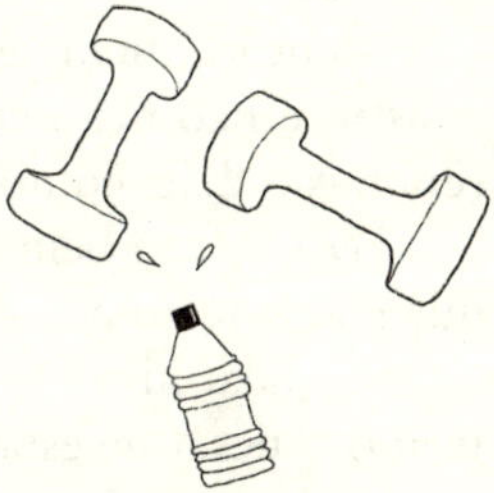

Com a colaboração de
Wilson Ventura, que já foi meu personal

NÃO CUSTA NADA — e é muito simpático — dar um bom-dia geral aos colegas que fazem ginástica a seu lado diariamente. Inclua nesse bom-dia os porteiros e faxineiros; cumprimente também os professores.

Boys and girls, se vocês estão adiantados no treino, parabéns. Mas não vale humilhar quem está tendo sua primeira aula.

Atenção, meninas, não paquerem o *personal*: ele pode não resistir, e não fica nem bem misturar trabalho com prazer. E a reputação dele, como é que fica?

Personal também tem que se comportar: paquera, só depois que a aula terminar — e fora do recinto sagrado.

Por falar nisso, se você for paquerar alguém, espere o fim do treino. Apesar de estarmos fartos de saber que uma academia só existe para azaração, o ideal é sair na mesma hora que seu objeto de desejo e simular um tombo. Para atletas, um lindo começo de romance.

Use, de preferência, roupas de *lycra* ou *dry fit* (aquelas sintéticas de secagem rápida). Nada pior do que ver uma pessoa encharcada de suor.

Durante o exercício, como seu pulmão está mais ventilado, os odores são mais percebidos; sendo assim, tome um banho antes de malhar (e outro depois, claro). E perfume, nem pensar.

Ao notar que o aparelho que você quer usar está ocupado, pergunte se vai demorar, se vocês podem revezar.

Numa academia, os aparelhos, colchonetes, caneleiras etc. são de uso comunitário, por isso a obrigação de cada um é limpar o que acabou de usar, com borrifador e tudo. E devolver os pesos a seu devido lugar, ou a academia vira zona.

Celular desligado, a não ser que você esteja esperando uma ligação que pode mudar o rumo de sua vida.

Jamais fale com alguém durante o treino, a esteira, a bicicleta etc. Papo furado só nos intervalos.

E atenção, mulherada: nada de botas espaciais, tênis-plataforma e afins. Nada mais brega do que jóias e maquiagem na hora do treino — coisa de perua. Se estiver mesmo medonha, use uma máscara de Batman.

E naquele dia em que, na 45ª repetição naquele aparelho que você odeia, vier a vontade de jogar tudo para o alto, ir para o Nordeste, deitar numa rede debaixo de um coqueiro, comer bastante moqueca e nunca mais na vida entrar numa academia, é bom lembrar: *no pain, no gain.*

15
UMAS COISINHAS

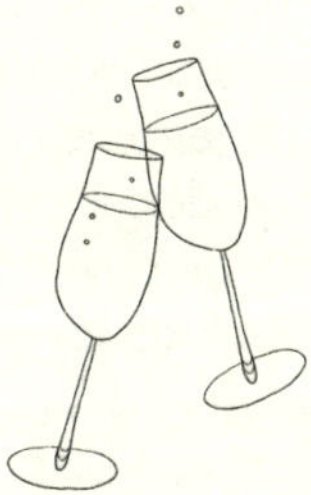

ASSÉDIO SEXUAL

Deveria ser tão obrigatório quanto o serviço militar, e pobre da mulher que nunca foi assediada sexualmente: ela deve ser a mais infeliz das criaturas.

O assédio pode ser por *e-mail* (deliciosos, aqueles no local de trabalho, quando se pode ver a cara de quem mandou ou de quem está recebendo; a produtividade cai, mas é ótimo), por telefone ou apenas no jeito de olhar, e o único tipo não permitido é o que envolve o poder, isto é, o chefe que assedia a secretária deixando implícito que, se ela disser não, perde o emprego. Quando existe um clima em que está mais do que claro que a mulher está gostando mas fazendo doce, vale um leve amasso no corredor, desde que sem exagero.

O que não pode é ela ir para a balada usando uma saia de um palmo e blusa transparente, beber, subir no apartamento dele para um último drinque, e depois ir à delegacia das mulheres dar queixa. Até hoje morro de pena do coitadinho do Mike Tyson, que pegou dois anos de cadeia por causa daquela vadia.

NAMORANDO UMA MULHER MAIS RICA

Se sua namorada for mesmo muito rica e vocês saem, passeiam, viajam, tudo bancado por ela, faça como fez uma conhecida figura do Rio. Diga que fica constrangido de vê-la pagando tudo e que facilitaria a vida dos dois se ela transferisse 1 milhão de dólares para a sua conta. Detalhe: ela não entrou nessa, e o namoro acabou. O amor não é lindo?

GELADEIRA

Na geladeira de uma mulher que mora sozinha as únicas coisas fundamentais são: uma garrafa de vodca, duas de champanhe, três pacotinhos de salmão, uma latinha de caviar, um pão de fôrma para fazer umas torradinhas, e três limões. Em matéria de frutas, não mais do que três caquis, duas frutas-do-conde e duas mangas já fatiadas. E uma caixa de chocolates para os momentos de depressão.

Nem pensar em: potinhos de margarina, um resto de carne assada, esses horrores. Se for mesmo obrigada a ter, compre outra geladeira e ponha no fundo da área de serviço, para não lembrar que essas coisas existem. Um certo glamour é fundamental em todos os momentos e lugares da vida, até dentro da geladeira.

EMPREGADA

Comece pagando um salário bem bom, o mais alto que você puder. Por mais cem reais, que é o preço de um *sushi*, ela vai ficar mais feliz e ninguém vai conseguir tirá-la de você, o que já é um sossego.

Poucos relacionamentos são tão íntimos quanto os que temos com as empregadas. Elas convivem com nossas alegrias, nossos sofrimentos, nossos humores — os bons e os maus —, sabem quando estamos arrasadas e destruídas, percebem quando nosso olho está brilhando, e sabem até por quê.

Uma empregada é como um marido inteligente: delas (e deles) não se consegue esconder nada, e, na hora de dispensar qualquer um dos dois, é necessária a mesma delicadeza. Talvez ainda mais com ela, que é pobre e humilde (e eles sempre têm alguma culpa no cartório).

Se ela tem qualidades, procure ser tolerante com seus defeitos, já que a perfeição não existe. Mas, se acha que não vai dar mesmo, procure, dentro do possível, ser generosa, não só na maneira de falar como financeiramente. E — se as razões da demissão permitirem — diga que ela telefone, que apareça, que conte com você se estiver num sufoco, porque geralmente elas não têm ninguém no mundo com quem contar. Quem dá aos pobres empresta a Deus, e você vai ficar bem feliz ajudando quem tanto te aturou.

FIDELIDADE

Ninguém é obrigado a ser fiel a cabeleireiro, massagista, médico etc. Como sempre se estabelece uma relação além da estritamente profissional, a gente se sente culpada, e, depois que a "traição" foi cometida, morremos de vergonha quando cruzamos com eles na rua. Tudo bobagem. Quem não se sente tentada a ir a um cabeleireiro novo depois que viu a amiga linda com um corte divino de cabelo?

Por isso, que fique bem claro: a fidelidade aos profissionais não é obrigatória, nem pode ser chamada de traição: é que a gente gosta de novidade, só isso. Faz parte da vida.

MARIDOS ETC.

Mas fidelidade a marido, mulher, namorado, namorada, caso etc. é fundamental. Não há nada mais brega e cafona do que traição, e nem quero falar mais nisso para não me irritar.

16

CABEÇA DE FILHO

PAPAI ESTÁ NAMORANDO UMA GATINHA, MAMÃE ESTÁ NAMORANDO UM GATINHO

Está aí um problema que hoje em dia é até banal, mas com o qual é difícil conviver. A filha, em sua eterna competição com a mãe, ou vai se exibir para o gatinho, ou odiá-lo, e não vai perder a oportunidade de dizer que mamãe está sendo desfrutável e ridícula. Já o garotão vai ficar de olho na gatinha do pai para testar sua capacidade de sedução.

Se forem namorinhos leves, que não vão levar a nada, como, aliás, costumam ser, qual a necessidade de misturar namorados com família? O.k., o mundo mudou, não devemos ser preconceituosos etc. e tal, mas certos relacionamentos só dizem respeito aos envolvidos e não precisam ser levados para dentro de casa. E um pouco de mistério e pecado tem sempre a sua graça.

PAPAI É GAY

Que ninguém tenha a menor ilusão: os filhos estão sempre exaustos de saber das preferências sexuais dos pais.

Dependendo da idade, eles querem controlar as amizades, os fins de semana, as viagens, ou para ter a prova concreta, ou para empatar a vida do pai. Quando começam a ter a sua própria — e a transar —, relaxam e não estão nem aí, a não ser que papai entre na sala de salto alto e batom, o que seria de bom-tom evitar, se possível.

Ah, e só pra lembrar: que ninguém tenha a ilusão de que é apenas uma fase. Na minha longa experiência com o mundo gay, nunca ouvi falar de nenhum que tenha voltado a gostar de mulher. Eles podem casar e ter catorze filhos, mas continuam fiéis a seu próprio sexo (o que, aliás, não acontece com as sapatinhas).

FILHOS DE PAIS E MÃES DIFERENTES

É mais saudável eles se unirem contra todos os pais e mães do que ficarem brigando entre eles.

17
À MESA

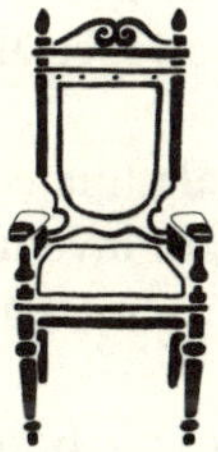

ENTRANDO NUM RESTAURANTE, o homem toma a frente para falar com o *maître*, escolher a mesa etc. Também deve esperar a mulher sentar e só depois se acomodar.

Sentados, que nenhum fique olhando em volta, como se procurasse alguma coisa (a não ser que um deles seja colunista social e esteja a trabalho). Dê toda a atenção à pessoa que está com você, faça com que ela se sinta especial, única. E o celular desligado, por favor.

Mesmo sem fome, peça alguma coisa — não deixe o outro comer sozinho. Para isso foram inventadas as saladas.

Cuidado com os cotovelos. Só os apóie na mesa quando não estiver comendo.

Se cair água ou vinho na mesa, fique frio. Se for champanhe, molhe as pontas dos dedos e toque atrás das orelhas, dá sorte. Mas, se o copo inteiro for derrubado e você perceber que o líquido vai cair no seu colo ou no chão, use o guardanapo para diminuir o tamanho da catástrofe. E peça correndo outro drinque.

Segure o copo de vinho ou de champanhe pela haste, para não interferir na temperatura da bebida. A não ser que você esteja tomando um conhaque.

Use os talheres começando pelos de fora. Se cometer algum erro, não dê importância. Seus amigos delicadamente fingirão que nada viram. Afinal, há alguma coisa menos importante do que, um dia, usar o garfo errado?

Ao se tomar sopa, o silêncio deve ser total. Que se possa ouvir o ruído do vôo de uma mosca. Se a sopa vier num *bowl* (taça, xícara grande com asas), no final você pode levá-la diretamente aos lábios, sem a ajuda da colher, que, aliás, não pode ser deixada dentro da taça, é horrível.

Será que preciso dizer?

• Não se balance na cadeira.

• Não tamborile na mesa com os dedos.

• Mesmo que você adore comer, não se atire no prato como se estivesse saindo de uma greve de fome. Se você for mesmo um Pantagruel, coma uma coisinha antes de sair de casa. A não ser, claro, se for um jantar do tipo Confraria dos Gastrônomos. Nesse caso, fique 72 horas em jejum, esperando o dia.

• Não encha demais a boca.

• Não mastigue de boca aberta.

• Não fale de boca cheia, mas aprenda a falar com alguma coisa na boca — desde que pouca. Ninguém vai ficar esperando que você mastigue, engula, e só então volte a falar. Treine em casa, diante do espelho.

• Nunca aponte para nada com o dedo, só para as estrelas — e se souber os nomes.

• Não fale nem gesticule para alguém que esteja do outro lado do restaurante. Peça licença e vá lá, se for o caso.

• Não coma nada com as mãos, a não ser alcachofras e aspargos (mas, quando os aspargos vêm como acompanhamento, tudo de garfo e faca). Mas pode e deve, em nome do prazer, atacar uma asa de frango ou a batata frita que passou diante de seus olhos — é irresistível. Em churrascarias, vale uma costelinha.

Lagostas e caranguejos nunca devem vir inteiros para a mesa. Só na beira da praia, com uma tabuinha e um martelo. Em Fortaleza, de preferência.

Se o seu garfo caiu no chão, que pena. Mas não se preocupe, nem se abaixe para apanhar. Chame o garçom e peça outro.

Quando perceber que um caroço de azeitona ou uma espinha de peixe foi parar dentro de sua boca, fique frio. Passe discretamente para o prato, fazendo escala no garfo. Se sentir que vai sufocar, não hesite: grite por um médico.

Ao levar uma porção à boca, que isso aconteça em cima do prato. Se por infelicidade alguma coisa escorregar do garfo, não cairá no seu colo nem no chão.

Pão, ovos e saladas têm horror a facas. Por isso, nada de folhas de alface inteiras, o melhor é que já venham rasgadas (com as mãos — e mãos muito limpas).

Quando for beber durante o jantar, passe levemente o guardanapo nos lábios antes de matar a sede.

Palitos. Não devia nem falar, mas vou. Nem pensar, mas nem pensar mesmo. Só escondido, trancado no banheiro, luz apagada.

Se estiver resfriado, não se esqueça de ter um lenço de prontidão. Não use, nunca, o guardanapo como lenço. Se tossir, mão na frente da boca. Se está assim tão mal, por que não ficou em casa lendo um bom livro?

Quando se levantar da mesa, nunca dobre o guardanapo. Que fique bem claro que ele não poderá ser usado novamente se não for lavado e passado.

Na salinha de um restaurante japonês, não se comporte como se estivesse na praia. Às vezes vejo cenas em que não acredito: pelos trajes e pela posição dos corpos dos comensais penso que estou em Búzios, sinto até o cheiro do protetor solar. Antes de ir a esses jantares orientais, aliás, verifique as meias. Meia furada é de chorar.

O macarrão. Espete uma porção com o garfo, encoste-o verticalmente no prato, enrole (deu para entender?). Observe os que sabem quando estão fazendo alguma coisa que você não sabe. Ah, o macarrão: nunca ajude com a colher, apesar de facilitar bastante.

Quando for comer um pedacinho de pão ou beber, descanse os talheres.

O molho que sobrou no prato. Se estiver mesmo maravilhoso, peça licença com muito charme ("Ah, não resisto!"), espete um pedacinho de pão na ponta do garfo e regale-se. (Na França, não precisa nem do garfo; afinal, é uma homenagem ao *chef*.) Mas só faça isso quando houver uma relativa informalidade e, claro, não existir uma colher especial para o molho.

Terminou, garfo e faca no prato, paralelos — cruzar, jamais.

Antes da sobremesa, tudo o que diz respeito aos pratos de sal deve ser removido. Mostarda, azeite, vinagre & cia.

Não empurre o prato depois que terminar, é horroroso.

Frutas. Para facilitar a vida, peça as que costumam vir já cortadas. Assim, ficam dispensadas as lavandas — pode ser melhor?

Nunca deixe a colher dentro de uma taça de sorvete, xícara de chá ou de café.

Cuidado com o dedinho ao segurar qualquer xícara. Ou um copo. Se ele insistir em levantar, use esparadrapo ou Super Bonder.

Atenção: uma pessoa realmente elegante nunca se irrita se a mesa que lhe deram no restaurante não é a mais bem situada. (Claro, o lugar onde ela estiver sentada passa a ser automaticamente o melhor.) Também não exige tratamento especial do *maître*. E trata tão bem os garçons quanto o gerente do banco. E outra coisa: fala com os garçons olhando-os nos olhos. Garçom é gente.

Mesmo que você tenha um compromisso depois do seu almoço ou jantar, não fique olhando para o relógio, em agonia. Dá a impressão de que você está louco para ir embora. Se não der para segurar, simule que está mal e chame uma ambulância.

Drama: como comer um sanduíche americano? Se você pretende permanecer com sua imagem intacta, não peça, jamais. Com a mão, não dá; de garfo e faca, também não. Os únicos que você pode comer, na maior elegância, são os do hotel Imperial, em Tóquio. De tão pequenos, tão delicados.

Num restaurante, que sejam no máximo quatro pessoas. Mais de quatro é suplício, a não ser em mesas redondas — e mesmo assim.

Se você já completou dezoito anos, evite restaurantes e boates às sextas e sábados. Esses dias, para quem aprecia um certo conforto, são para ficar em casa ou em casa de amigos. Se não resistir, vá, mas vista-se o mais simplesmente possível. Quem sai de casa nas noites de sexta e sábado são os amadores. Profissionais, de domingo a quinta.

Atenção: fale baixo. Em sua casa, na casa dos outros, em lugares públicos. É incrível o ruído que se ouve quando se entra em alguns restaurantes, sobretudo nos modernos, com chão de concreto. Me sinto num galinheiro. E os salões de beleza? Acho que é por isso (também) que não os freqüento.

Passei anos da minha vida ignorando duas coisas: supondo que você combinou com amigos de se encontrarem num restaurante e você chega primeiro, fica a seco, esperando pelos outros, ou pede um drinque? Eu, por mim, já decidi, e nem me interessa saber se está certo ou errado: peço o meu drinque, e pronto. E também não mantenho relações com pessoas que podem achar que esse não é um comportamento de gente fina. Outra coisa que nunca consegui saber direito é a que horas se bota o guardanapo no colo. Andei perguntando, pesquisando, e parece — parece — que é a partir do momento em que em cima da mesa já há algo para comer: pães, azeitonas, qualquer coisa. É assim que tenho feito ultimamente, mas presto atenção e vejo que cada um faz de um jeito. Ah, Marcelino de Carvalho para me esclarecer.

Ah, e agora tem os vinhos. Num restaurante é mais simples, mas em casa um vai querer vinho branco, outro, *rosé*, outro, tinto (e isso já antes do jantar), olha o problema. E, dependendo do número de convidados, você vai ter que ter uma, duas ou três caixas de cada um. Confesso que tenho muitas saudades dos tempos em que drinque era uísque ou vodca, em copo longo ou curto, com água natural ou *club soda*, e só. Que a vida era mais fácil, lá isso era.

18
TRABALHO

NO ESCRITÓRIO

Proíba sua secretária de:

• dizer no telefone "quem deseja?" ou "quem gostaria?";

• usar aqueles gerúndios horrorosos, no estilo "vamos estar retornando" ou "ele vai estar almoçando com o dr. fulano";

• cometer erros gramaticais que doem no ouvido, como "fazem duas semanas que mudamos de endereço", "haviam duas canetas na gaveta" ou "essa planilha é para mim digitar?";

• chamar as pessoas de "meu bem", "meu amor";

• perguntar: "Danuza Leão, de onde?". Ora, de onde. De minha casa.

Em tempo: nunca repreenda a secretária na presença de ninguém. E só peça a ela que escolha as flores que você precisa mandar para alguém, se tiver certeza de que o gosto de vocês combina.

Dê instruções precisas sobre como proceder quando você não quiser ou não puder atender ao telefone. Ela deve ter um talento especial para não te deixar em maus lençóis nem constranger a pessoa que chamou.

No ambiente de trabalho, a menos que você seja a dona da empresa, deve-se evitar o uso de:

• salto muito alto, tênis;

• cores berrantes, elétricas;

• saia muito justa, muito curta;

• bermudas e *shorts*;

• moletom;

• decotes, pulseiras barulhentas, brincos enormes;

• qualquer perfume;

• cabelos compridos e soltos. Uma fivelinha não custa, custa?

Tudo o que é visto, lido, ouvido ou pressentido num escritório se torna sigiloso. Secretária nenhuma deve ter cumplicidades, fazer comentários, nem lançar sorrisos compreensivos para seu chefe. Neutralidade acima de tudo. A melhor política é a da pouca intimidade. Com o chefe, com a esposa do chefe, com os filhos do chefe, com o caso do chefe.

Quando a secretária percebe que o telefonema é pessoal, deve sair discretamente da sala. Uma boa secretária não pode ser curiosa nem deve se apaixonar pelo chefe. Não deve também ser do tipo ciumenta, que dificulta a certas pessoas o acesso a ele.

Quando chega alguém para falar com o chefe, a secretária deve limitar-se a oferecer café, água. Sem puxar conversa, mas respondendo amavelmente ao que lhe for perguntado. Não deve estender a mão para o recém-chegado, nem ficar no telefone conversando enquanto ele espera.

Celular, no trabalho, nem pensar.

Não passe a segunda-feira contando o seu fim de semana.

Não fique pendurada no telefone, namorando.

Ao chegar ao trabalho, cumprimente todos como se tudo estivesse correndo às mil maravilhas. Não fique se queixando da vida, nem conte para seu chefe que o colégio das crianças aumentou ou que seu condomínio resolveu trocar os elevadores. Peça o aumento sem entrar em detalhes — você vai ter mais chances de conseguir.

Seja boa colega de trabalho. Se ofereça para quebrar um galho, seja leal com os companheiros. Nunca faça comentários desagradáveis sobre a firma em que trabalha ou sobre seu chefe. Corredores e bebedouros têm ouvidos, e emprego está difícil.

E não venha com a história de "meu chefe implica comigo". Nunca houve chefe que implicasse com um bom funcionário, que trabalha bem e não cria caso. Faça uma autocrítica e pense se isso não passa de desculpa para você mesma.

Quando você for presidente da República e reunir seu ministério, atenção: a cada duas horas, as pessoas (até para se refazer e conseguir produzir mais) precisam de dez minutos de descanso. E, se a reunião começou de manhã e varou a hora do almoço, o mínimo da hospitalidade obriga a uma rodada de sanduíches e refrigerantes antes que caia a primeira vítima. Não fazer isso é sinal de prepotência e despotismo.

Secretária: ao ser paquerada pelo chefe, defenda-se — você já deve ter idade para saber como, já não passou dos quinze? Afinal, no trabalho ou na rua, toda mulher deve saber como dizer não. Agora, se a coisa ficou mesmo muito feia, seja realista. Você não vai conseguir dispensar seu chefe e conservar seu emprego. Então, se for o caso, troque de trabalho antes de ter de chamar a polícia. Mas, se for preciso, chame.

TRABALHANDO EM CASA

É ótimo, a melhor coisa do mundo, mas um problema. Quando você está envolvida num trabalho, chega o encanador, a empregada pergunta o que deve fazer para o almoço, pede dinheiro para comprar material de limpeza, o gato se instala no teclado do computador e aquela amiga telefona para bater papo.

Estabelecer um horário e se trancar para evitar interrupções é impossível: se chega o homem para consertar o DVD, quem vai ter coragem de dizer que é só na parte da manhã? E, quando o telefone toca, quem resiste a atender? Filtrar pela secretária eletrônica, só tendo nervos de aço — até porque, como você vai ter que ligar de volta, é melhor resolver logo e rapidinho. E se for alguém propondo um projeto fantástico?

Tom Jobim contava que uma vez foi visitar Villa-Lobos e a casa dele era uma confusão: barulho, gente passando e falando alto, o caos total. Aí Tom perguntou: "Maestro, como consegue compor com tanto barulho?", ao que Villa respondeu: "O ouvido de fora não tem nada a ver com o ouvido de dentro". Gênio é gênio.

Quem trabalha em casa precisa de muita disciplina, e também se preparar para ser sua própria secretária e seu próprio *boy*. Cuidar das notas fiscais, pagar as contribuições da previdência social, lembrar dos compromissos e sobretudo ser capaz de parar o trabalho, fazer a lista do supermercado e voltar para o computador como se nada tivesse acontecido.

PRA QUEM PODE

Eu já descobri meu método: é ir para uma cidade que eu conheça bem e adore, tomar o café-da-manhã, abrir o computador e escrever sem parar, já que não vou ter três jornais para ler, sei que ninguém vai me telefonar e não estou nem aí se a geladeira está cheia ou vazia. Então escrevo até umas três da tarde e saio para almoçar.

Como o lugar de que mais gosto no mundo é a minha casa, ou escrevo na minha sala ou em Paris. Conheço Paris tão bem que é como se estivesse em casa, por isso não me sinto obrigada a visitar monumentos históricos nem a ir mais ao Louvre — graças. Antes que me trucidem: e por acaso alguém que mora no Rio costuma ir ao Corcovado?

Para esse tipo de viagem, quando é verão no país aonde vou, levo apenas jeans, camisetas e tênis. Depois do almoço, caminho, passeio, me deslumbro com cada esquina da cidade sem as obrigações formais de um viajante de primeira viagem, faço uma comprinha, devoro uma *pâtisserie* andando pela rua, sem o menor pudor, e lá pelas oito volto para o hotel. Fico pensando no que vou querer comer, trabalho mais um pouquinho, saio lá pelas dez para jantar, mas sempre ligada no que vou escrever (e anotando num caderninho); depois vou a um café, geralmente o Flore, para ver o mundo passar.

Antes de dormir, se as idéias estiverem fervilhando (e elas normalmente estão), ainda escrevo, e assim vão se passando os dias. Detalhe: para isso é preciso viajar absolutamente só. Já pensou alguém do lado dizendo: "Larga esse computador, afinal estamos de férias. Onde vamos jantar?". Só matando. Esse método de trabalho também pode ser posto em prática numa cabana no meio do mato, claro, mas para mim Paris é o lugar certo.

Aliás, é de onde estou escrevendo agora, e vou contar um fato que aconteceu hoje: estava eu voltando de um diviníssimo almoço na diviníssima Place Dauphine, quando entrei na Saint-André des Arts, uma rua estreitinha, para chegar ao meu hotel. Eis que ouço uma voz possante e linda cantando uma ária da *Sonnambula*, de Bellini. Pensei que o som estivesse vindo de algum apartamento, mas não. Era uma mulher meio loura, meio gorda, meio feia, que levava o seu sonzinho portátil e soltava a voz, em plena Paris, para ganhar uns trocados. Foi lindo; lindo e inesquecível.

Escrever de Paris: sou mesmo uma mulher de sorte.

19
QUEM FALA?

ESTE CAPÍTULO FICOU TÃO VELHO que parece ter sido escrito no século passado — aliás, foi, e além do mais numa máquina de escrever, veja você. O *Na sala* foi lançado em 1992, quando ainda não existiam celulares nem *e-mails*. Nas edições posteriores, fiquei na dúvida se deveria mantê-lo ou não; resolvi deixar, pela curiosidade (e porque alguns tópicos continuam atuais), mas acrescentei algumas novidades. Se você resolver ler, pense como o mundo era mais complicado.

Sempre se responde a uma carta.

Carta recebida não se mostra a ninguém, nem a quem mandou. O remetente pode ter se arrependido.

Por isso, não deixe a correspondência recebida dando sopa em cima da mesinha de centro da sua sala. A não ser que você queira que os outros leiam.

Evite escrever coisas que não possam ser do conhecimento público. Do jeito que o mundo anda, você está arriscado a abrir um jornal e ver, transcrita, a carta de amor que escreveu num momento de loucura, já pensou?

Carta ou cartão para um amigo, a não ser que sua letra seja um garrancho, devem ser sempre escritos à mão. À máquina, só se o assunto for comercial.

Nunca deixe de datar sua correspondência. No alto, à direita. Ou no final, à esquerda.

Tenha bloquinhos de diversos tamanhos com seu nome completo impresso ou suas iniciais. É menos formal — a não ser que você curta mesmo a formalidade.

É sempre bom ter cartões na bolsa, dois ou três, para o caso de, estando na rua, resolver mandar umas flores. Particularmente, odeio cartões de visita, prefiro aqueles maiores, duplos, que servem praticamente para tudo. Ao mandar cartões para os amigos, faça um traço em diagonal com a caneta sobre seu nome impresso, para quebrar um pouco a cerimônia da coisa.

Cartões, só mesmo os comerciais, para ser trocados em lugares comerciais, com finalidades comerciais. Em casos mais pessoais, tire do bolso sua bela agenda e anote o número do telefone. Bregas, mas bem práticos, são os americanos em congressos. Como se é apresentado a muita gente em poucos dias, os cartões de visita vêm com a foto do dono estampada, não é engraçado? Engraçado e horrível, mas vamos ser francos: que ajuda, ajuda.

Nunca abra nem leia uma carta na presença de outra pessoa. Telegrama, tudo bem, pode ser urgente. Mas peça licença.

Escrevendo carta ou cartão, se errou, não rasure. Comece tudo de novo.

Cuidado como escreve o nome das pessoas. Para alguns, trocar um *s* por um *z*, um *y* por um *i* é ofensa grave.

Se morre um amigo e você não conhecia a família, mande um telegrama mesmo assim. É sempre bom saber que nossos mortos eram queridos.

Uma carta para alguém com quem não se tem intimidade deve ser assinada com nome e sobrenome.

Se alguém quiser te mostrar uma carta, discretamente recuse. Não se torne conivente com esse tipo de procedimento.

Quando for passar um fax, não se esqueça de que esse meio de comunicação é totalmente indiscreto. Se for correspondência sigilosa, *pas de fax*.

E, voltando à realidade, nada mais particular e íntimo do que um computador.

TELEFONE

É proibido telefonar:

- na hora do telejornal;
- na hora da novela (dependendo da novela);
- na hora do almoço ou do jantar;

• para pessoas normais, antes das dez da manhã e depois das onze da noite.

Quando o assunto for longo, pergunte se a pessoa está com tempo antes de engrenar.

Quando ligar para alguém, nunca comece com um: "Oi, sou eu".

Se for o presidente da República, que ele diga: "Oi, é o Lula". Ninguém tem a obrigação de reconhecer a voz do outro, e fica aquele mal-estar desnecessário. Mas isso não vai acontecer, porque o Lula não vai te ligar — ou vai?

Cabe a quem ligou ter a iniciativa de se despedir, de desligar.

Deixando o recado na secretária eletrônica, seja clara, máquinas não mordem. Ajude, dizendo: "Vá buscar lápis e papel, eu espero. Tudo em cima? Então anote". Fale devagar e depois repita o número. Eu perco vários recados quando falam o número muito rápido. Quando tem ramal, pior ainda.

Recebendo telefonema interurbano ou internacional, não prolongue a conversa. Afinal, é o outro que está pagando. Não "aproveite" o telefonema do amigo para mandar recados, pedir coisas.

Ainda sobre telefonemas *long distance*: recebendo de alguém que você sabe que não tem muito dinheiro, faça esta gentileza: pergunte "Em que telefone você está? Te ligo já". E ligue de volta. É o máximo quem faz isso.

Nunca deixe telefonema sem resposta. Por outro lado, se você liga duas ou três vezes e a pessoa não retorna o chamado, é porque não quer — então, esqueça.

É claro que nunca se faz um DDI fora de sua própria casa. Só mesmo em caso de urgência, e de preferência a cobrar.

Ao atender a um telefonema, não comece compulsivamente com seus assuntos. Afinal, quem ligou, se ligou, foi porque tinha coisas para dizer. Telefonemas, mesmo locais, são cobrados por minuto. Ligue-se.

Não telefone para a casa de pessoas com quem você tem negócios mas não uma relação pessoal, a não ser em caso de extrema necessidade.

Cuidado com telefonemas para médicos, analistas. Veja se precisa mesmo ligar, se precisa mesmo incomodar.

Ensine sua empregada a atender ao telefone. Primeiro ela diz que você não está, e só então pergunta o nome e se não quer deixar recado. Nunca o contrário.

Se alguém atender ao telefone na sua presença, procure se afastar — vá passar um *blush*, tomar um copo d'água. Mesmo que você ouça: "Matou? Com três tiros? Que loucura!", não comente, não pergunte. Uma pessoa verdadeiramente educada nessa hora fica surda.

Não fique pendurado no telefone, a não ser quando estiver sozinho em casa.

Se a pessoa chamada estiver no banheiro, anote o recado na perfeição, não a chame. E também não diga por que não pode chamar, diga apenas que ela está ocupada.

Se alguém te telefona para fazer um convite, não prolongue a conversa: ela deve ter mais uns duzentos telefonemas para dar; compreenda e seja breve.

Quando estiver em casa de um amigo, só use o telefone em caso de real necessidade, e rapidinho. E, quando estiver recebendo um amigo em sua casa, se atender a algum telefonema, diga que não pode falar, que liga depois.

CELULAR/E-MAILS

Para certas coisas, é preciso ser intransigente e radicalizar.

Se eu saio para almoçar com um amigo durante a semana, é normal que nossos celulares fiquem em cima da mesa, pode pintar um assunto de trabalho.

Mas, se sair para jantar e o celular dele tocar (o meu eu não levo), só há uma coisa a fazer: levantar e ir embora, sem nem dizer "até logo". Nem poderia, pois ele está falando com alguém, e mandam as boas maneiras que nunca se interrompa uma conversa — como, aliás, ele acabou de fazer comigo. Confesso que ainda não tive coragem de levar minha indignação às últimas conseqüências, mas me aguardem, pois pretendo chegar lá.

Celular é uma coisa quase particular. Evite ligar para quem quer que seja, a não ser em caso de necessidade. Também não pergunte o número do celular de ninguém, a pessoa só dá se quiser. Existem algumas que dão o número para todo mundo, pois a-do-ram que, durante um almoço, o celular toque dezoito vezes, para que todos vejam o quanto elas são assediadas.

Nunca mande um *e-mail* tendo bebido uma só gota de álcool ou mesmo comido um bombom com licor. O teclado dos computadores é suave, a facilidade de escrever (e mandar no mesmo instante) é imensa; não é como aquela carta que você escrevia à noite e na manhã seguinte lia, relia, corrigia ou rasgava, e escrevia outra antes de botar no correio. Se for beber, arranque o fio do seu computador, tranque na gaveta e esconda a chave — e não diga que não avisei.

Tenha o maior cuidado quando for mandar um *e-mail*: já me aconteceu de tocar na tecla errada e a mensagem, que era só para uma pessoa, acabar sendo recebida por todas que fazem parte do meu *mailing* — olha o perigo.

Seja gentil com seu próximo. Trabalhar numa empresa, fazer um *mailing* imenso e a cada comunicado, tocando apenas numa tecla, mandar para to-dos, só fazendo como aprendi no livro *Abusado*, de Caco Barcellos: dum-dum-dum, isto é, três tiros, e de preferência na testa.

Das melhores coisas da vida moderna é poder agradecer um jantar por *e-mail*. Assim você evita aquela conversa que é eternamente a mesma, tipo comentar como estava simpático, quanto você se divertiu, combinar que o próximo vai ser na sua casa, e tal e coisa. E, se recebeu um presente, dizer que adorou, mesmo que tenha odiado. Como não são todos que têm a cara-de-pau de mentir *comme il faut*, por escrito facilita bastante.

20
VIAGENS

HÁ VINTE OU TRINTA ANOS uma viagem de avião era privilégio dos muito ricos. Os aeroportos, oásis de paz, luxo e silêncio. Era fácil ser cortês nesse tempo. Hoje em dia, aeroportos e rodoviárias são praticamente iguais. Portanto, mantenha a calma para enfrentar as grandes aventuras que surgem a partir de uma simples viagem. Além dos dólares, muna-se de tranqüilizantes e também de uma declaração do médico, com todos os carimbos, dizendo que foi ele quem prescreveu etc. O mesmo vale para os antidepressivos e soníferos. Nos Estados Unidos, a alfândega é implacável.

Viajar ainda é das melhores coisas da vida. Mesmo quando você se vê carregando malas, porque não encontrou nem carrinho nem carregador, enfrentando filas que jamais encararia no seu cotidiano e passando pelo transtorno de ter sua bagagem esmiuçada na alfândega. E ainda bem. Já pensou quando ninguém mais te confundir com uma perigosa traficante? Mas chega a hora em que você diz: "Quero voltar para casa e juro que nunca mais viajo". Tudo mentira. Mal desarrumou as malas, baixa a grande depressão, e você só pensa em voltar. Eu levo oito, dez dias chegando.

Existe um tipo de cultura que só se adquire viajando. E existem viagens que você só aproveita plenamente quando tem algum conhecimento sobre o país que visita. Ir a Portugal sem ter lido Eça de Queirós é quase um crime. E só entende o que estou dizendo quem já leu e releu. Leia.

Desenvolva seus sentidos. No meio de um bosque, apure os ouvidos. Viaje através dos sons, dos odores. Apure seu olfato, seu paladar. Coma de tudo. Beba de tudo. Esqueça seus hábitos, seus horários, sua dieta. Se tomam chá gelado, Coca-Cola quente ou fumam ópio, faça como eles, experimente, ouse. Só assim vai sentir a cidade onde está. Outra coisa: freqüente restaurantes italianos só na Itália, franceses só na França, americanos nunca.

Se você for como eu, que tenho horror a multidões, viaje fora de estação, procure sobretudo lugares que não estejam na moda. A Índia, por exemplo, só no ano 2015. Miami, nunca. Não se misture com hordas de turistas, ninguém pode apreciar uma obra de arte cercado por trezentas pessoas. Um amigo que adora concertos me revelou o motivo pelo qual deixou de freqüentar as salas: disse que só voltaria quando pudesse estar sozinho no teatro, e nu. Entendi.

Repetindo: viaje fora de estação. Côte d'Azur no inverno. Sul da Itália no início da primavera. Ilhas gregas nunca depois de 15 de maio. E se quiser ver neve? Aí, não tem jeito. Mas você sempre poderá descobrir uma cidadezinha que está completamente fora de moda e aonde não vai ninguém — que luxo.

Escapulindo das ciladas acima, você poderá encontrar elegância, imaginação, poesia. As cidades serão só suas. Perca-se nas ruas desertas de Veneza no inverno. Você vai gritar em êxtase, tal a beleza. Estando em Paris, alugue um carro e vá a Honfleur, perto de Deauville, no fim do outono. Hospede-se na Ferme Saint-Siméon e desça para tomar seu *petit déjeuner* num café em frente ao porto, vendo os barcos de pesca chegarem. Peça ostras e *crevettes grises* com vinho branco. Que fique claro: isso logo ao acordar, em jejum. Você vai descobrir que a felicidade tem até sabor — e que o sabor é esse.

Já deu para ver que em viagens sou muito pouco democrática. Gostaria de visitar museus vazios, freqüentar praias desertas, tudo só para mim. Seria um sonho.

Quem praticamente nasceu numa primeira classe jamais vai mencionar isso, até porque nem sabe que existe outra classe no avião. Como Juliana, filha de Sílvio de Abreu, que um dia pediu para ir à classe turística, "para ver como é". Nada revela mais a insegurança social de uma pessoa do que ouvi-la dizer que "estava na primeira classe". Morro de pena e fico com um pouquinho de vergonha cada vez que ouço. Também não se pergunta:

"Em que classe você viaja?". Quem viaja de primeira classe deve embarcar de jeans e tênis, como se para ela uma passagem de 8 mil dólares não significasse rigorosamente nada. E não jantar, e dormir o tempo todo.

Não corte o barato do outro. Se alguém estiver falando de um restaurante maravilhoso, de um hotel fantástico, de uma cidadezinha que ninguém conhece na Tunísia, deixe que termine a história antes de dizer que você já esteve lá. Se conseguir se segurar e deixar seu amigo brilhar sozinho, melhor ainda.

Se chegar a Nova York e for revistada da unha do pé à raiz dos cabelos, não reclame. Estamos todos fartos de saber que nos Estados Unidos agora é assim, que o terrorismo etc. etc., e, se você não pode passar mais de seis meses sem sentir o cheiro da seção de cosméticos da Bloomingdale's, agüente, e de cara alegre — ou esqueça Nova York.

Pintou uma viagem. Você enlouquece, quer ir, claro, mas imediatamente surgem as dúvidas, as inseguranças, as culpas. "O dólar pode subir." "E se eu perder meu emprego?" "Vou deixar meus filhos?" "Logo agora, que as ações estão em alta?" "Logo agora, que as ações estão em baixa?" TUDO BOBAGEM. Vá, vá e vá. Vai voltar outra pessoa, nova, revigorada, mais bonita, mais feliz, enriquecida; esqueça a obrigação de sofrer (que todos nós temos), não pense, vá e depois me conte.

Agora, que catorze anos se passaram, mudei de hábitos, porque não tenho tempo a perder: nada de conhecer novos países, novas culturas, novos hábitos gastronômicos. Pode ser que gafanhotos e escorpiões grelhados sejam maravilhosos, mas de uns tempos para cá o que eu quero mesmo é voltar aos lugares que adoro, devorar o *foie gras* que adoro, de preferência com pessoas que adoro. Se o último item não for possível, totalmente só.

Eu não conheço Bali e não estou nem um pouco interessada. Mas existem algumas — poucas — cidades no mundo às quais volto sempre que é possível. Pela ordem: Paris, Veneza, Marrakech, Capri. Talvez porque em todas elas eu tenha sido muito feliz, talvez porque são mesmo todas deslumbrantes, cada uma no seu estilo, talvez por uma total falta de imaginação, talvez porque minha memória afetiva seja mais importante do que qualquer nova descoberta.

Em Paris, o *croque-monsieur* do Café de Flore, o *gigot froid* de Chez Lipp, o *tartare* do Bar des Théatres; em Veneza, o azeite com alho para comer com pão na Trattoria alla Riveta; em Capri, os calamares fritos em qualquer lugar; em Marrakech, o cuscuz do Yacout, um dos restaurantes mais lindos do mundo. Não, eu não quero conhecer mais nada: só quero rever os lugares que adoro.

NO AVIÃO

Uma cabine de avião não passa de um grande dormitório onde você divide intimidades com pessoas que nunca viu. Procure evitar, dentro do possível, que a promiscuidade se instale nesse espaço reduzido, para que a viagem não se transforme num inferno insuportável.

Durante o vôo, coma pouco. Beba pouco. Assim você diminui os efeitos do *jet lag*. Não se comporte tipo "quero tudo a que tenho direito". Não se precipite no champanhe, no caviar. Melhor viajar de executiva e, com a diferença do preço da passagem, comprar um quilo de caviar para comer no hotel do que dar esses vexames a bordo.

Procure se manter no seu espaço, sem incomodar o vizinho. Se avistar um amigo três filas adiante, não chame em voz alta, não faça sinais.

Papeizinhos de amendoins, *headphones*, envelopes de *tissues*, tudo na maior ordem possível. A manta, dobrada. Idéia para as companhias de aviação: uma pequena lata de lixo ao lado de cada poltrona. Talvez assim as pessoas aprendam.

Tenha sempre uma caneta à mão, para não ficar pedindo uma emprestada aos vizinhos. E prepare-se para emprestá-la a seu vizinho, mesmo de má vontade.

Dobre os jornais depois de ler.

O suéter que você usou, de volta na sacola.

Escova de cabelo sempre à mão, mas nunca à vista.

Nada de ir descalço ao banheiro, mesmo que seus pés estejam inchados a ponto de gangrenar — pensasse nisso antes. Da próxima vez, use sapatos mais confortáveis.

Pouca bagagem de mão, para não incomodar o vizinho.

Deixe o banheiro impecável depois de usar. E seja rápido (deviam inventar uns comprimidos com efeito oposto ao dos diuréticos que fossem obrigatórios em viagens de avião).

Óculos escuros no bolso. Ninguém é obrigado a ver sua cara quando você acorda.

Nunca abandone sua bolsa com dinheiro na poltrona enquanto desenferruja as pernas. É perigosíssimo.

Se você detesta conversar com vizinhos, tome suas precauções. Tire da bolsa um terço, a Bíblia, o Corão. É, literalmente, um santo remédio.

ENCOMENDAS

Nunca pergunte se os amigos desejam alguma coisa, tipo encomenda. Alguém pode querer ("É facílimo de encontrar", eles dizem), e olha a encrenca que você arranjou. Se algum amigo resolver pedir algo, diga francamente que não vai ter tempo, que a viagem é muito rápida etc. Ou faça como Guilherme Guimarães, que responde: "Claro, meu amor", põe a listinha e os dólares na gaveta e esquece. Quando volta, devolve e diz, com a cara mais cândida, que não encontrou. Está bem, sou uma peste, mas convenhamos que encomenda é dose — ou não? A única permitida é o refil da agenda Hermès.

Mas, se você não resistiu e pediu a um amigo que te comprasse alguma coisa (na linha remédio que vai salvar a vida de um parente querido ou batom inencontrável no Brasil e que não seja vendido pela internet), quando for entregar o dinheiro — encomenda sem dinheiro, nem pensar —, dependendo da sua situação financeira e da intimidade entre vocês dois, dê uns dólares a mais e diga que, no dia de fazer a tal compra, ele tome um copo de champanhe pensando em você.

Nunca aceite levar encomendas para ninguém. Tenho ouvido histórias pavorosas de pessoas acima de qualquer suspeita que pediram um favorzinho desses e quem o fez foi parar na cadeia, pois o tal pacotinho não era tão inocente assim.

Se alguém te pede que leve uma carta, deve entregá-la aberta. E você deve fechá-la na presença de quem pediu. Tudo, aliás, bem inútil — os correios estão funcionando divinamente. Mas às vezes acontece de, junto com a carta, ter um documento, um cheque, essas coisas, e aí a gente faz na maior.

BAGAGEM

Pouca bagagem. É tão civilizado, tão chique, gente que viaja com poucas malas. Eu adoraria poder ensinar como se faz uma mala pequena, prática, elegante. Aliás, adoraria aprender. Comigo é sempre uma tragédia.

Questão malas. Aquelas bem caras, de grife conhecida, são maravilhosas, porque você viaja com tranqüilidade: o zíper não quebra, a alça não cai. Paga-se uma fortuna pela qualidade, não pelas letrinhas da marca. Um detalhe: que sejam muito velhas, maltratadas pelo tempo. Malas tinindo de novas são um sinal inequívoco de peruagem e *nouveau richisme*. Outra coisa: se sua mala, companheira de tantas aventuras, está às quedas, nada mais chique do que uma boa recauchutagem. Vai custar quase o preço de uma nova, mas não hesite, é o que deve ser feito.

Caso prefira a informalidade total de malas mais leves, superlegal também, mesmo que no fim da viagem você precise sair correndo para comprar mais uma sacola porque o zíper enguiçou. Quem optar por um jogo em *kilim*, ah, são maravilhosas. Em Marrakech você encontra as mais lindas, mas tenho a impressão de que vão desmanchar no caminho do aeroporto. São divinas, sim, mas pouco confiáveis e de qualidade duvidosa.

Ao viajar com o namorado pela primeira vez, é bom combinar tudo antes, direitinho. Quando a moça chega no aeroporto com seis malas, quatro sacolas grandes, duas pequenas, é de matar. E quem vai pagar o excesso de peso?

O luxo mesmo seria viajar apenas com a bagagem de mão, quando se tem um apartamento em Paris. Nesse apartamento, um segundo guarda-roupa — que delícia deve ser, não é, Evinha Monteiro de Carvalho? Não é, Marilu Pitanguy?

Muitos anos atrás, certa vez eu viajei de Londres para Paris e Grace Kelly estava no mesmo vôo. Quando o avião aterrissou, uma Rolls estacionou na pista, bem na porta, ela saltou com sua bolsinha de mão (Hermès, naturalmente) e foi embora, loura e linda, sem passar por controle de passaportes, esteira de bagagem, sem ter que trocar dinheiro, *nada*. Morri de inveja.

Será que deve levar peles? Claro que sim. Você corre o risco de ganhar um jato de *spray* colorido, mas é tão bom viver perigosamente. Aliás, algum ecologista de plantão poderia me dizer o que fazer com as minhas? Todas foram compradas antes do furacão verde, juro. Corto em pedacinhos e faço uma fogueira, é isso? Mando emoldurar e fico olhando? Dôo como caridade? Em tempo: os estilistas de Milão não estão nem aí, e decretaram a volta das peles, seja ou não seja politicamente correto usá-las.

VIAJANDO COM AMIGOS

Duas pessoas se adoram, vão viajar juntas e não dá certo. Acontece. Uma adora comer bem, a outra não liga e quer emagrecer. Uma adora compras, a outra detesta olhar vitrines. Uma acorda já querendo ir para a rua, a outra precisa de um tempo. Uma entra nos toaletes dos cafés o dia inteiro, enquanto a outra espera na calçada, impaciente. E gente que quer visitar igrejas, monumentos? E gente que pede: “Tira uma foto minha perto da torre Eiffel”?

Em viagem, as pessoas ficam muito tempo juntas, para não dizer o tempo inteiro. Até casais casadérrimos passam a ter uma convivência muito maior do que na cidade onde moram, e o que não é problema em circunstâncias normais vira uma complicação quando se viaja. E aqueles que ficam indecisos na escolha de uma roupa, de um cinema, até mesmo de um prato no restaurante? E gente que não quer ficar sozinha nunca? E gente que quer voltar à loja para trocar uma compra feita dois minutos antes? E gente que não tem paciência para nada disso?

Olha, é bom pesar tudo isso antes de embarcar. E gente que está sempre muito cansada? E gente que não cansa nunca? E gente que não fala língua nenhuma? É uma delícia ter amigos na cidade onde se está, mas cada um no seu hotel, chegando e voltando em aviões diferentes, para descaracterizar qualquer compromisso.

Se você é muito rico e convidou alguém para viajar, suas obrigações naturais de gentileza dobram. Nada mais terrível do que o clima, mesmo sem palavras, do "Mas sou eu quem está pagando" na hora da escolha de cinemas, restaurantes etc.

Na Europa, qualquer hotel de três estrelas, e até de duas, oferece um conforto bastante razoável. As roupas de cama e de banho trocadas todo dia, televisão no quarto, o que mais você pode querer? O único problema é no verão, pois não costumam ter ar-condicionado, no máximo um ventilador.

Quem viaja com muito pouco dinheiro deve levar seu xampu, creme, pasta de dentes, sabonete. É uma delícia comprar tudo nacional — lá —, mas fica caro.

Companheiros de viagem que roncam, nada a fazer. Quartos separados ou *boules Quiès* (bolas de cera para os ouvidos).

Viajando com amigos, seja supercorreto nas contas. Divisão de despesas de táxi, lanches etc. Procure ter sempre notas de diversos valores, para evitar aquele: "Me empresta trinta dólares, depois te pago". Às vezes esquecemos de devolver esses pequenos empréstimos, até mesmo por serem pequenos. Uma sugestão é a caixa única. Cada um coloca determinada quantia, que será administrada pela melhor cabeça para despesas comuns. No final de cada dia, faz-se a conta para evitar surpresas. E, se sua amiga esqueceu, é a boa hora de dizer: "Você me deve trinta dólares". As boas contas fazem os bons amigos.

Difícil duas pessoas de situação econômica muito diferente

viajarem juntas sem problemas. Alguém vai ter que sair do seu padrão, e não será, seguramente, a pessoa mais pobre.

Dividindo um quarto de hotel, que a ordem seja rigorosa. A única bagunça aceitável é com aqueles pacotes de compras que você acabou de trazer da rua. Tempo para pôr tudo no lugar: quinze minutos.

Viajar com filhos e netos é maravilhoso. Você vai passando, cheia de emoção, suas experiências, seus conhecimentos, suas lembranças. E eles nem aí, claro.

Em Paris, nunca aceite o convite daquele amigo que mora há anos na cidade e chama você para comer um feijãozinho na casa dele. Quem faz esse tipo de convite merece as labaredas do inferno.

Tenha sempre no quarto uns biscoitinhos, uns chocolates, para a fome da madrugada.

Combinem de véspera a programação do dia seguinte. Se vai cada um para um lado ou o quê.

Não se esqueça de levar: tesourinha, pinça, agulha, linha, dois pares de óculos (pode quebrar ou perder), remédio para dor de coluna, tranqüilizantes. Cartões, se precisar mandar umas flores, endereços e números de telefones dos amigos, listas de restaurantes *à ne pas manquer* etc.

Detalhe: nunca suba num quarto de hotel sem avisar antes, da portaria.

Esteja você viajando com amigos, namorado, marido, o que for, sua passagem, seu passaporte, seu dinheiro, tudo na mão. E se houver uma briga? E se? E se? E se?

Se você quer ver seu marido à beira de um ataque de nervos, leve-o às Galeries Lafayette para umas comprinhas leves, tipo *maquillage*, meias etc. Se ele resistir quinze minutos, merece um prêmio (é tudo brincadeira, nunca faça isso com um homem com quem você pretende continuar a viver). Homens têm horror a lojas, a não ser as de eletrônica, papelaria, vídeos e tudo o que diz respeito a seus *hobbies*. Só leve seu amado a esses programas culturais se você estiver querendo se vingar dele. E com boas razões para isso.

Uma vez, em Paris, dei um dia livre a Renato Machado, então meu marido, e fui à luta, isto é, às compras — eu morreria se não fosse. Entediado, ele entrou numa livraria, comprou um livro sobre vinhos, sentou num café para ler, se interessou pelo assunto, e é atualmente um dos maiores conhecedores no país. E me agradece, até hoje, por esse dia glorioso, que lhe abriu as portas da enologia. Glória essa que ele reconhece dever, indiretamente, a mim.

A VOLTA

A obrigação de telefonar é de quem chega.

Quando sei que um amigo chegou e ainda não me ligou, fico na minha. Pode ser que ele ainda não esteja em condições de aparecer. Eu, quando chego, só começo a telefonar cinco, seis dias depois, e ligo para uma pessoa por dia. Tenho um amigo que leva dez dias para me chamar de volta depois de receber meu recado. É um sábio.

A não ser que você tenha menos de vinte anos e esta seja sua primeira viagem, evite reuniões para mostrar fotos, contar os filmes que viu, as peças de teatro etc. Afinal, a quem interessa uma viagem, senão a quem a fez? E fotos atravancando meu computador, nem pensar.

21
HOSPEDAR

O HÓSPEDE

A primeira coisa que o hóspede deve deixar clara é até quando vai ficar. Antes da chegada, de preferência. Já pensou um hóspede que você não sabe quando vai embora? Se ele não disser o tempo da permanência, pergunte sutilmente, insinue que você talvez tenha que viajar, que outros amigos provavelmente vão chegar, que você precisa saber para combinar as férias da empregada etc.

Se você for o hóspede e resolver estender a permanência, pergunte se não vai causar transtorno, e só fique se sentir que esses dias a mais vão ser um prazer para os donos da casa. Caso perceba qualquer mudança no olhar, modifique seus planos e encerre a temporada na data prevista (ou até antes).

Não chegue de mãos vazias. Leve algum presente, ou dois, ou três.

Use pouquíssimo o telefone.

Nunca faça interurbanos, só a cobrar — claro. O telefone está caríssimo, e, se você fizer a gracinha e os donos da casa te derem um puxão de orelha, se toque, peça desculpas, e interurbano *never more*.

Você é daqueles que de manhã tomam iogurtes especiais, com um tipo de granola particularíssimo, come coisas exóticas. Então compre e ofereça. Mas cuidado para não atravancar a geladeira da casa.

Em hipótese alguma deixe objetos de uso pessoal espalhados pelo banheiro, a não ser que este seja só seu. Escova de dentes, de cabelo, dentifrício, sabonete, volta tudo para o quarto, dentro do *nécessaire*, certo?

Evite receber visitas. O hóspede que precisa encontrar um amigo ou rever um parente deve marcar o encontro num café, num restaurante. Não é muito agradável chegar em nossa própria casa e dar de cara com um grupo que a gente nem conhece instalado na sala, fumando e bebendo.

Tenha um comportamento discreto como hóspede. Nada de tentar criar um clima festivo o tempo todo. Lembre-se de que só você está de férias e que as pessoas têm uma rotina de vida.

Traga com certa freqüência alguma coisa da rua. Frutinhas, um queijinho, bobagens tipo um biscoito, até um pãozinho fresco. Seja o que for, mas sempre de comer ou beber.

Não fique muito em casa. Saia, vá ao cinema, passeie, ocupe-se, não vire uma preocupação para quem está hospedando você.

Gratifique os empregados, parte na chegada, parte na saída. Quando estiver hospedado em casa de pessoas que não têm empregados, faça sua cama e deixe tudo na mais perfeita ordem. Quando sair, nunca tranque seu quarto com chave. Se seus amigos não são de confiança, leve seu dinheiro na bolsa.

Se normalmente você almoça e janta na casa do anfitrião, no dia em que resolver mudar seus planos, telefone prevenindo. Avise também quando resolver esticar a noite, para que não te esperem e não se preocupem. Chegando muito tarde, entre em casa tão silenciosamente quanto um assaltante de filme.

De vez em quando convide os anfitriões para jantar fora, eles vão gostar.

Nunca saia do quarto para ir ao banheiro, à cozinha, onde for, sem estar adequadamente vestido.

Encerrando a temporada, escreva ou telefone dizendo o quanto adorou, agradecendo etc. E também para oferecer sua casa, claro.

QUEM HOSPEDA

Quando você hospeda alguém, deve tratá-lo como um rei. Se maltratado, um hóspede se sente o mais miserável dos seres humanos e não vai saber como agir. Se faz as malas e vai para um hotel, é a ruptura. Se fica, sente o clima tenso, pesado. Diante disso, se você, por motivos que não vêm ao caso, não está contente de ter seu hóspede, mantenha o sangue-frio. Controle-se, e que o ambiente fique ameno e civilizado até o momento de deixá-lo no aeroporto. Aí, sim, você pode respirar fundo e pensar: nunca mais. E para sua tranqüilidade: sendo pessoa sensível, seu hóspede provavelmente pensará também, no mesmo momento: nunca mais.

Lembretes:

- Dê a chave da casa para seu hóspede.
- Diga a hora do almoço e do jantar.
- Pergunte o que o hóspede costuma tomar no café-da-manhã e providencie.
- Pergunte se ele gostaria de conhecer ou visitar algum lugar especial da cidade.
- Caso o banheiro seja de uso comum, ponha no quarto uma toalha de banho e uma de rosto. E troque pelo menos a cada dois dias.
- Explique a que horas a portaria fecha, se existe algum problema de água quente, enfim, o funcionamento da casa.
- Promova uma pequena reunião ou jantar para apresentar o hóspede a seus amigos. (Dependendo da intimidade e da situação financeira de quem hospeda, o hóspede pode/deve se encarregar das bebidas, flores, e até ir para a cozinha cuidar de um prato em que seja *expert*.)
- Se receber um convite para jantar, quando for possível, pergunte se pode levar seu hóspede.
- Seja um bom anfitrião. Se chegar em casa e disser: "Olha o que comprei para você, um pão fresquinho", o hóspede já vai se sentir feliz de ver que você pensou nele.
- Na hora das despedidas, juras de amor, volte sempre etc., mesmo que seja tudo mentira. Que seu hóspede fique com a sensação de ser querido — amado. Tão boa, essa sensação, mas sejamos sinceros uma vez na vida: bom mesmo é ficar no hotel.

A VISITA INESPERADA

Quando você resolve visitar seus amigos que estão no sítio, nada de chegar achando que a surpresa já valeu como presente. Surpresa não se faz nem à cozinheira, e, se a dona da casa não está esperando, será que vai ter alguma coisa para oferecer? Pensando nisso (e tem que pensar sempre), chegue com alguma bebida, uma coisinha para beliscar. E, se já foi com a firme determinação de ficar para o almoço (para o qual não está sendo esperado), passe antes numa delicatéssen e desembarque com praticamente tudo debaixo do braço. Seja exagerado nas compras. Se você não aparece sem avisar na cidade onde mora, imagine no meio do mato, onde às vezes nem um botequim para comprar uma cerveja existe por perto?

UM FIM DE SEMANA

Muito bem, você foi convidado para um fim de semana na praia ou no campo: prepare-se para grandes emoções. Sua primeira pergunta deverá ser: o que levo? Se não for preciso levar nada, chegue com alguma bebida, uns chocolates, uns queijos, umas revistas. Seja criativo. Se resolveram democraticamente dividir as compras, não se esqueça de nada que ficou sob sua responsabilidade. E apareça com mais algumas coisinhas, além do combinado. Se estiver viajando no carro dos anfitriões, proponha dividir a despesa da gasolina quando estiverem abastecendo na estrada.

Se souber cozinhar, cozinhe. Se não souber, descasque os legumes, lave os pratos. Se não souber fazer nada, ocupe-se do bar, da música, faça gracinhas, conte histórias. Mantenha-se por perto. Nada de ficar na rede lendo um livro enquanto os outros trabalham. Participe, seja de que maneira for. Ou então nem vá, invente uma boa desculpa, e pronto. Vale até confessar que você detesta viajar, se for essa a verdade.

Você é dos que costumam acordar cedo. Pois então aproveite para sair (em silêncio), compre os jornais, traga um doce, uma lingüicinha, qualquer coisa da região.

Desapareça às vezes. Fique no quarto lendo. Dê uma longa caminhada.

Se você pegar um livro da estante e quiser levá-lo para acabar de ler, comunique, peça à dona da casa. E não se esqueça de devolver.

Um bom hóspede deve ser bem-humorado e muitíssimo bem-disposto. Pronto para, se for mesmo preciso, andar de bicicleta, escalar um morro para ver o pôr-do-sol, montar a cavalo, pescar, ajudar a consertar a lancha, fazer canoagem, madrugar para ver tirar o leite da vaca. Faz parte.

Antes de aceitar o convite, pense bem se você vai agüentar o grupo o fim de semana inteiro. Há casos em que voltam todos inimigos. Fins de semana são testes perigosíssimos.

HISTORINHA ÓTIMA

Contam que Zelda e Scott Fitzgerald moravam no campo, perto de Nova York, e costumavam receber muitos amigos para o *weekend*. Do lado interno da porta de cada quarto havia um providencial quadrinho, com o seguinte texto: "Se no pileque de sábado nós insistirmos para vocês ficarem até segunda-feira, pelo amor de Deus, não fiquem!".

22
BANHEIRO

QUANDO ENTRAR NO BANHEIRO, nem que seja para passar um inocente batonzinho, tranque a porta e abra todas as torneiras. Ninguém, nem mesmo sua mãe, deve suspeitar do que se passa lá dentro.

Seja na casa de sua maior amiga, seja no avião, seja em sua própria casa, deixe o banheiro impecável, ao sair, sem nenhum vestígio de sua presença. Aja como se tivesse acabado de cometer um assassinato, só não se preocupe com as impressões digitais.

Enxugue a pia e a banheira por dentro quando terminar de usá-las. Lave o sabonete, e cuidado com aquela espuminha hedionda que costuma ficar.

Tire qualquer fio de cabelo da escova, nem que seja apenas um.

Esprema o tubo de dentifrício do fim para o começo. E feche depois de usar.

Nunca deixe o tapete amarfanhado, estenda-o em algum lugar.

Se raspar a perna ou fizer a barba e a água acabar, limpe tudo, nem que seja com saliva. Vai demorar, mas é o único jeito.

23
O FUMO

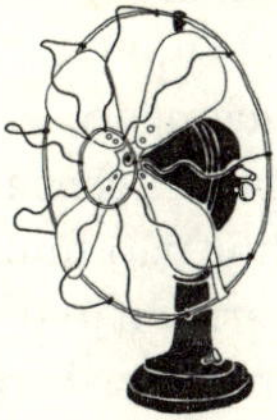

É MUITO FEIO uma mulher fumar na rua. Evite.

Nunca apague um cigarro num vaso de planta ou num pires. Se não encontrar um cinzeiro, engula a cinza ou bote no bolso, mas não jogue no chão. Mesmo com raiva, evite apagá-lo na mão ou no braço do namorado, que está especialmente saliente naquela noite.

Jamais entre num lugar fumando. Nunca acenda um cigarro no outro.

Em carros com ar-condicionado, cuidado. Se não estiver mesmo dando para segurar, peça licença e pergunte se não vai incomodar. Vai, é claro. Melhor não fumar.

Se você tiver horror a cigarro, não diga que o fumo dos outros te incomoda. Não seja um corta-barato: troque de grupo.

Se você tem mesmo pavor a cigarro, nem por isso tem o direito de desaparecer com os cinzeiros de sua casa quando espera amigos. Não seja tirano. E, se você for alérgico a fumo, seus amigos certamente saberão disso e evitarão fumar na sua casa.

Charuto? Cachimbo? Cigarrilha? É bom perguntar antes se tudo bem. Cachimbos, só em casa, de preferência na biblioteca, e se você tiver lareira e passaporte inglês.

Para algumas pessoas, acender seus próprios cigarros faz parte do ritual. Se perceber que na segunda tentativa já não conseguiu, deixe pra lá. Ela é daquelas.

Se alguém que se vangloriou de ter parado de fumar não resistir e puxar um cigarro, favor deixá-lo em paz — e não dizer: "Mas você não disse que tinha parado?".

Não se esqueça de sair levando seus cigarros — nada pior do que quem já chega pedindo. Aliás, cigarro é igual a *blush*, batom, objeto de uso pessoal.

Uma das minhas paranóias é cinzeiro sujo. Se eu não me segurar, esteja em casa de quem estiver, limpo os cinzeiros. Um dia, em Paris, no hotel Montaigne, estava lendo um livro. Lendo, fumando e despejando o cinzeiro, claro. Só que a cestinha de lixo, que parecia ser de metal, era de plástico. De repente, a lata começou a derreter como bruxa de história infantil. Consegui, com a ajuda de uma toalha, levá-la para o banheiro e voltei à paz da minha leitura. Quando olho — ah, quando olho —, pela fresta da porta saía uma fumaça preta e pequenas partículas de não sei o quê, como se fosse uma poeira negra. Saí correndo e pedi socorro ao *concierge*. Daí a pouco chegaram os bombeiros (lá eles não brincam com essas coisas). O papel de parede do quarto e a cortina ficaram negros de fumaça, foi um escândalo, e acabei — um horror — expulsa do hotel. Que vergonha! Bom, tudo passou, até a vergonha. Menos a minha mania. Só que agora verifico muito bem se o cigarro está apagado antes de jogá-lo na cestinha. E hotel Montaigne, nunca mais. Passei a provocar meus incêndios bem longe, na Rive Gauche.

Outro dia fui a um jantar, e, quando abri a bolsa, tragédia: havia esquecido os cigarros. Pedi um à aniversariante, Maria Lúcia Rangel, e ela foi super, mas supergentil: pegou seu maço cheio, me entregou e disse: "Fica com ele, quando eu quiser te peço, tá?". Jamais me esquecerei desse gesto tão magnânimo, que só quem fuma pode entender.

Não sou a favor do fumo, claro. Mesmo que fosse, não seria louca de levantar essa bandeira. Mas ouvi, de fonte muito bem informada, que morre muita gente de infarto, só de tensão, pela falta de um cigarro.

24
O MUNDO GAY

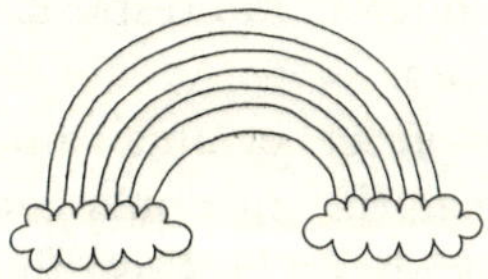

SE UM RAPAZ TE APRESENTA a outro dizendo: "Este é Ricardo, estamos juntos há dez anos", fique frio. Se você ainda se escandaliza com essas coisas, mesmo assim não mova um só músculo do rosto. E, para não ficar aquele branco, pode até dizer: "Que coisa bonita, rara, um casamento durar tanto". Mas não leve sua naturalidade ao exagero de perguntar: "Vocês têm filhos?". Sim, pois pode ouvir como resposta: "Não, nós evitamos". Aí, quero ver a sua cara.

Quando receber uma cantada gay, reaja da mesma maneira como reagiria a qualquer cantada. Dê corda, se estiver a fim. Corte, se não estiver. Caso fique muito nervoso, atenção: isso costuma ser uma grande bandeira.

Após as apresentações, não é preciso ir logo contando suas preferências sexuais. Ninguém tem nada a ver com isso.

E como mandar um convite para um casal gay? Se, oficialmente, a casa é de Luís, mande dois convites dentro do mesmo envelope, sobrescrito a Luís. Ou mande dois convites em dois envelopes: menos problemas, melhor assim. Em nenhuma hipótese use "Sr. e Sra.".

Se você quer convidar seu amigo gay para jantar e ouviu dizer que ele está casado, o que fazer? Convida também o namorado, que nem conhece? Nenhuma obrigação — a não ser que tenham lhe participado o casamento.

Tenha sempre um, ou melhor, vários amigos gays na sua vida. Eles estão sempre prontos a te acompanhar a uma festa, a dar um bom palpite sobre qualquer coisa — roupa, cabelo, homem, decoração —, são amigos e solidários nas horas de alegria e nas de tristeza.

SAINDO DO ARMÁRIO

Depois de alguns casamentos e séculos de análise, alguns resolvem assumir o que todo mundo sempre soube: que são gays.

Enquanto uns vão vivendo naturalmente, sem ter necessidade de participar sua nova condição ao mundo, outros levam a sério o que consideram um ato de coragem, e só falta anunciarem na coluna social que saíram do armário. Desnecessário: para viverem plenamente sua gayzice, não é preciso nada, a não ser que continuem a viver como sempre viveram, isto é, indo para a cama com quem quiserem — o que, aliás, não interessa a ninguém, a não ser a eles próprios.

25
GASTRONOMIA

GASTRONOMIA — tão em voga nos dias de hoje. Como tudo, pratos e tendências entram e saem de moda. Já pensou que, dentro de alguns anos, talvez seja coisa do passado ir a um restaurante japonês? Pois prepare-se, não é nada impossível que isso aconteça. Em Paris, aliás, essa moda nunca chegou.

Seja superexigente à mesa. Isso é padrão de civilização e refinamento.

Saber o que se está comendo, poder identificar o que está no prato: um direito de todos. Horrível: comidas cobertas de cremes, queijos, gratinados em geral. Lá dentro, camarões, cobras ou lagartos, não importa: tudo tem sempre o mesmo gosto.

Os homens costumam entender e apreciar a boa mesa mais que as mulheres. Por isso, num jantar gastronômico de responsabilidade, melhor evitar a presença do belo sexo.

Que o seu paladar tenha memória. Impossível esquecer umas bogas (pequenos peixes que, me parece, só existem em Portugal) comidas num inverno, no Algarve. O barco de pesca chegando, as gaivotas sobrevoando, um fogareiro com carvão para assar os peixes na brasa, um vinho de areia (feito de uvas que crescem em terreno arenoso, perto do mar), um vento frio, à beira-mar — ah, que delícia. E o leitão do Pedro dos Leitões, na estrada para Coimbra (foram uns 150 quilômetros de asfalto, mas valeu a pena), bebendo um vinho de agulhada? E a *insalata caprese*, num início de primavera em Capri, a ilha quase deserta, com seus aromas de flores, laranjas, limões, acompanhada de um vinho Tiberio? Agradeço aos céus que meu paladar tenha tão boa memória (e meu coração também).

Houve a tragédia da tão original *nouvelle cuisine*. Peixe com molho de fruta-do-conde, frango com araçá, camarão com manga, pato com carambola. Como é cansativa a originalidade! Felizmente, acabou. Bravo a Paul Bocuse, que, como outros *restaurateurs* da França, decretou a morte dessa bobagem. E viva! A todos os *foies*, aos *magrets de canard*, às gorduras, à opulência dos pratos, ao prazer de comer bem e — embora pouco elegante — muito.

Que as matérias-primas sejam de primeira: azeites, vinagres, temperos, ervas. Que não se complique demais a receita. Que você possa identificar, insisto, sem que vire adivinhação, o que está comendo.

Você sabia? Na França, a imprensa especializada, aquela que dá notas aos restaurantes, testa a qualidade dos pratos pedindo sempre as coisas mais simples. É na simplicidade que se reconhece a verdadeira qualidade — ouviram, donos de restaurantes? Se é para enganar, faça um prato ao *curry* — ou *à la moutarde* —, e estamos mais do que conversados. Não que eu não goste — até gosto —, mas não tem nada a ver com Gastronomia, aquela que se escreve com letra maiúscula e pela qual se deve ter grande respeito.

Estava lendo outro dia sobre uma nova moda — ouro em pó na culinária. Achei engraçado, fiquei até com curiosidade de experimentar. Mas um pouco adiante, na mesma matéria, também diziam que esse luxuoso ingrediente, além de não fazer mal à saúde, não tem nenhum sabor. Fiquei pensando: então, por que não purpurina? Vou usar um dia desses.

Não é preciso que você esteja em grandes restaurantes para comer muito bem. Tenho lembranças inesquecíveis do Maxime, no Recife, lugar bem mais para o modesto (apesar do nome), onde se come casquinha de caranguejo, moqueca de lagosta, tudo maravilhoso. Ou do Barrica, em Fortaleza, pouco mais que uma pensão, ao lado de uma linha de trem, aonde vou sempre que visito a cidade. Espero que nenhum dos dois tenha fechado ou se modernizado demais. Porque pretendo voltar.

Jamais tente comer um acarajé fora de Salvador. Certos ingredientes viajam mal — e o dendê é um deles.

Atenção aos falsos conhecedores da boa mesa. Nos salões,

freqüentemente, se confundem pessoas que têm bom vocabulário gastronômico com aquelas que têm bom paladar. Nada a ver.

Ah, os vinhos. Se você for uma das vinte pessoas que realmente entendem de vinhos no Brasil, ótimo. Mas, se for, humildemente, um dos mais de 185 milhões de brasileiros que não entendem, nenhuma importância. Dirija-se aos *sommeliers* — afinal, eles estudaram e ganham para isso — e aconselhe-se. Não é nenhuma humilhação não saber nada de algum assunto. Bobo é querer que pareça que você conhece, sem conhecer.

Comer continua a ser uma das boas coisas da vida, mas com o passar do tempo o paladar vai se modificando, e as preferências também.

A gente vai preferindo coisas mais simples, o que não quer dizer que sejam menos maravilhosas — aliás, são mais. Um frango assado não costuma ter graça, mas, se você for ao Ami Louis, em Paris, vai se regalar quando o frango chegar à mesa, inteiro, e for trinchado na sua frente. É apenas das melhores coisas do mundo.

Eu, pessoalmente, não sinto o menor prazer em ir aos chamados grandes restaurantes, onde os *maîtres* volteiam a mesa para mostrar sua *expertise*. E, se me oferecerem um prato muito complicado ou eu souber que o vinho que foi escolhido custa mil euros, sou capaz de pedir uma cerveja, de tão nervosa.

Para alguma coisa deve servir a passagem dos anos. Para mim, serviu para gostar cada vez mais do essencial e desprezar todo o tralalá, necessário apenas para os *nouveaux riches* ou para os deslumbrados.

Não quero com isso dizer que nunca fui deslumbrada: claro que fui, quando vivi certas experiências pela primeira vez.

Mas hoje sou uma pessoa simples; tão simples que me contento com o *poulet* do Ami Louis e, de sobremesa, com um *feuilleté* de morangos. Para isso, não hesito em atravessar o Atlântico — e ainda encarando uma escala em São Paulo.

Uma historinha: uma vez, em Paris, fui almoçar num tradicional restaurante de comida judaica no Marais, o Joe Goldemberg. Quando o garçom chegou trazendo a vodca — que eles têm de umas trinta qualidades —, botou a garrafa na mesa, suspirou e disse: "*Ah, la vie est passionnante*". Que maravilha ouvir essa declaração assim, por nada. Depois disso meu dia ficou ainda mais lindo, e, quando eu estiver nos meus momentos russos, vou sempre me lembrar disso: que "*la vie est passionnante*". Assim, por nada.

26
BONS CONSELHOS DIFÍCEIS DE SEGUIR

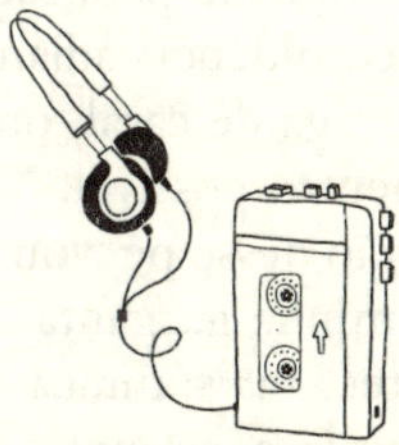

NUNCA FALE MAL DE UM AMIGO, nem de um inimigo, nem de ninguém.

Aceite o amigo como ele é. Se a maneira de ser dele incomoda você, afaste-se. Conviver e falar mal, qual é a graça? (Aqui entre nós: toda.)

Não revele jamais uma confidência (a não ser que você tenha sensibilidade para sacar que foi escolhido justamente para passar a confidência adiante).

Em briga de casal, ouça, se não puder evitar, e procure ser o mais neutro possível. Nem pensar em dizer: "Bom, já que as coisas estão nesse pé, vou te contar um episódio que ficou entalado na minha garganta" etc. Quando eles reatam, sobra para você. E tem mais: nunca seja confidente dos dois lados.

Jamais faça perguntas sobre assuntos pessoais. Se o outro quiser falar, ouça, mas calada. Não indague sobre afetos, casamentos, situação financeira, vida sexual etc.

Nunca tente roubar a empregada de sua amiga: é mais imperdoável do que roubar marido.

Se descobrir que aquele homem maravilhoso que você conheceu em Nova York e com quem combinou de se encontrar em Paris — e a passagem já está na sua bolsa — é casado, desista da viagem. E dele.

Se te oferecerem aquele trabalho que era tudo o que sua amiga queria, diga não, mesmo se estiver desempregada — a amizade acima de tudo.

E evite dizer coisas sensatas àquela amiga que está prestes a cortar os pulsos, tipo:

- "É melhor se vestir mais simplesinha do que ser *over*."
- "Não seja tão ansiosa."

- "Como vai ser a primeira vez que vocês vão se ver depois da separação, jura que não vai beber nem uma gota."
- "Seja paciente."
- "Deixe para ligar amanhã, quando estiver mais calma."

E dum-dum-dum em quem der um só desses conselhos.

27
AS LEIS DA NATUREZA

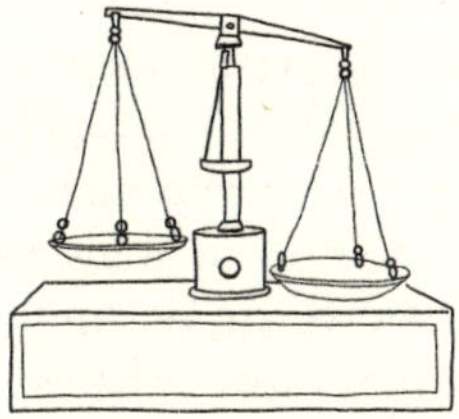

O MUNDO É DOS MAIS FORTES — e essa é uma lei da natureza. Por fortes, entenda-se ter juventude, beleza, riqueza. O poder também conta, mas pode acabar, enquanto o dinheiro tem chances de durar, se for bem administrado.

A bonita tem sempre mais chances de se casar com um homem rico; o rico, mesmo que seja horrendo, de se casar com uma mulher linda, e assim caminha a humanidade.

A lei da natureza é dura, e, quando se trata de dois parceiros — seja numa sociedade de negócios seja no amor —, na balança da relação, um deles tem mais peso do que o outro, isto é, um será sempre o mais forte.

É sempre o mais forte que decide onde vão morar, para onde vão viajar, os amigos do casal serão sempre os dele, e o lazer será sempre uma escolha dele.

Na maioria dos casos, o mais forte é o que tem o poder, isto é, a caneta e o talão de cheques, e raros são os casos em que existe um equilíbrio na relação. Se for você o mais forte, cuidado: o que nunca tem voz e passa a vida inteira concordando pode um dia chutar o pau da barraca e te deixar zonzo.

Mas e a inteligência, como fica? Bem, os inteligentes costumam se unir aos inteligentes, e não estão nem aí para os outros.

28
OS SOLTEIROS

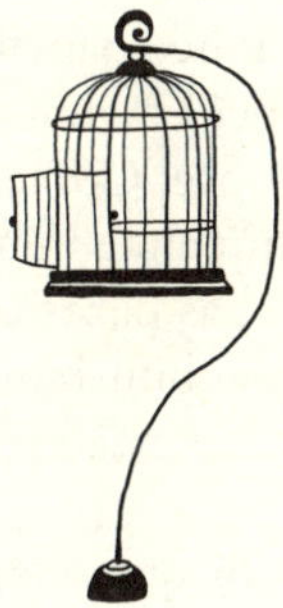

ESTATUTOS de um namoro:

• Poucas demonstrações de paixão em público. Carinhos ligeiros, discretos, são o suficiente.

• Não fiquem contando como se conheceram, como o namoro começou.

• Em público, jamais chame seu parceiro por um apelido íntimo que vocês inventaram um para o outro. Tipo Pituquinha, Neném, Amore, Coração etc.

• Não fiquem contando como é o outro, as características, a última briga, as pazes etc.

• Nada de bilu-bilu em público. O amor é lindo, mas só interessa aos que estão se amando. E dispensa platéia.

Por maior que seja sua paixão, seus amigos agora só podem ver você acompanhada? Um elemento novo no grupo costuma inibir a intimidade, e nada mais chato do que gente que vive grudada no namorado.

• Jamais diga que namorou A, B, C, D, E, F etc. Se foi um namoro do qual todos ficaram sabendo, quando o novo *partner* te perguntar alguma coisa, apenas confirme. Jamais conte nada dos seus ex, que eles eram uns crápulas, ou maravilhosos, ou o que for. E fique atenta. Homem que fala muito dos amores passados vai falar igualzinho de você, já pensou?

• Se você está em casa do seu namorado e ele recebe um telefonema, saia discretamente da sala, vá retocar a maquiagem, e não pergunte quem era. A ele cabe desligar rápido, em atenção a você.

• Num jantar, que os namorados não fiquem juntos o tempo todo. Se é para fazer cena de *love story*, melhor não sair.

Só para lembrar do passado: namorados gentis costumavam ter em casa maços de cigarros da marca que a namorada fumava. Quanta galanteria, não?

Se você for mais alta que seu namorado, evite sapatos de salto. Nem todos os homens aceitam de bom grado bater no ombro da mulher com quem estão. Alguns até gostam, mas é raro. Eu tenho um amigo que é feio, baixinho e se veste mais para o mal. Mas é inteligente, charmoso e muito vaidoso. Ele adora mulheres lindas e de preferência muito altas. E diz que, quando aparece com uma deslumbrante, as outras ficam se perguntando: "Mas o que foi que ela viu nesse homem? Ele deve ser incrível!". Nessa, meu inteligente amigo se vê cercado de mulheres, todas muito curiosas de conhecer seus charmes secretos. Que ele, aliás, aproveita para exibir, sem nenhuma modéstia. Esperto, não?

E os ciumentos? Bem, aí já é um problema que transcende este livro. Mas qualquer coisa — qualquer — é melhor do que uma briga pública, uma cena de ciúmes. Se você percebe que não vai conseguir se controlar, evapore-se, suma, mate-se. Pegue seu carro, um táxi, o carro dele — ele que fique a pé, não faz mal —, desça pelas escadas, respire fundo, desligue o celular, tire o telefone do gancho quando chegar em casa, e deixe para brigar no dia seguinte. Fácil dar conselhos, não?

Se você vai ter uma conversa daquelas definitivas com seu namorado, nada de tênis. Um bom salto alto vai te dar outra moral.

FREE AGAIN

Separação: alívio, grande dor ou os dois juntos? Manda a prudência que você não tenha pressa nem para cair de boca na vida nem para casar correndo. Aproveite esse momento maravilhoso, mesmo que ainda esteja doendo.

Você encontra sua ex-paixão de namorado novo. Haja coração! Mesmo que tudo já esteja superado, que você nem goste mais dela, é duro, convenhamos. Mas não dê bandeira. Fique frio e, logo que possível, deixe o gramado, vá para casa, tome bastante água — eu disse água. Não fantasie que ela é a mulher de sua vida, provavelmente não é. E não telefone de madrugada; se quiser mesmo falar, por que não deixa para o dia seguinte, para não se arrepender depois? Ah, tão bom esse telefonema da madrugada. Mas e se ela não estiver sozinha? Já pensou no seu desespero?

O namoro acabou, e você está arrasada. Não se deixe abater e aproveite o tempo vazio para se cuidar. Entre numa academia, faça aquela dieta — você agora tem tempo sobrando, use-o a seu favor. Muita massagem de óleo nos cabelos, creme na cara. Ocupe-se, distraia-se, nada de ficar relembrando os tempos felizes que não voltam mais. Aproveite para dar uma geral nas suas roupas, mexer nas bainhas dos vestidos (sempre para cima, claro), fazer uma triagem das peças do armário e aposentar tudo aquilo que não favoreça seu tipo. Olhe para a frente, pense no seu futuro amor. Ou você acha que esse foi o último?

Ouvi ou li, já não me lembro, que o fim de um amor deveria ser comemorado com uma festa. Não para festejar o fim de alguma coisa (o que é sempre triste), mas como o princípio de uma nova fase. Por que não tentar?

Seu namorado: como é ele?

- mimado?
- filho único, adorado pela mãe?
- possessivo?
- machista?
- imaturo?
- vaidoso?
- competitivo?
- galinha?
- dono do mundo?
- ciumento? (Um pouquinho não só pode como deve.)

Se ele tem muitas das características citadas, vá com calma e não diga que não avisei. Namore, viaje, tenha filhos, more junto, até case, mas cuidado para não se apaixonar. E, por falar em paixão: nunca se apaixone por um homem que não seja capaz de se emocionar. Aliás, não confie em ninguém imune a emoções.

Apaixonados, vocês já pensam em morar juntos. Sugiro, antes de consumar o fato, ensaiar pequenas viagens. Comecem com fins de semana curtos. Deu certo, a vontade continua. Planejem, agora, uma viagem mais longa. Sete dias. Viagens são grandes testes para ver se vale a pena enfrentar a vida em comum. Nelas, sabe-se mais sobre as pessoas do que em anos de amizade, de namoro. Se foi tudo maravilhoso, comecem a se preparar para o grande passo. Mas, se escolherem continuar morando cada um em sua casa, por que não? É também uma excelente maneira de viver a dois.

29
NOIVADOS E CASAMENTOS

CONSTA QUE, em outros tempos, quando um noivado era rompido, a noiva costumava devolver todos os presentes dados pelo noivo, junto com as cartas recebidas. Hoje, os fatos mais íntimos de uma relação a dois são publicados na imprensa, e os noivados, raros. Que dizer então dos presentes? Mas e se acontecer? Mais uma vez, depende. No meu entender, se quem rompeu foi a noiva (difícil, as mulheres adoram casar), tudo certo, ela devolve os presentes. Mas, se foi o noivo, deixando a noiva arrasada, infeliz, não tem que devolver nada. E tomara que ela já tenha, no nome dela, apartamento, carro, tudo dado pelo noivo. Aí ela vende tudo e faz uma bela viagem de volta ao mundo para encontrar o seu verdadeiro príncipe encantado.

Se você quer aprender o protocolo de um casamento tradicional, um conselho: procure um profissional do ramo. Ele vai ensinar tudo na perfeição, ensaiar a cerimônia, além de estar presente no dia comandando a operação: quem entra primeiro, quem fica ao lado de quem no altar etc., coisa que nenhum livro, aliás, poderá fazer por você. Mais uma coisa: quando, após o casamento, os noivos recebem para uma recepção, nem sempre convidam todo mundo. Daí aquele cartãozinho antipático só para alguns privilegiados. Eu, quando recebo o convite só para a igreja, fico arrasada e não vou. E não gosto dessa moda. Ou convida todo mundo ou não convida ninguém. Mas uma recepção, como deve ser caro. Por que então não fazer uma pequena reunião depois da igreja, convidando apenas os muito, muito íntimos? Por telefone, sem nenhum cartãozinho, para que não haja dúvida sobre a intimidade da coisa.

O casamento da filha do então ministro José Serra foi uma perfeição. Depois da cerimônia, todos os convidados se dirigiram a um salão da própria igreja, onde havia uma grande mesa com montanhas de bem-casados, aqueles maravilhosos, embrulhadinhos em papel de seda e com uma fitinha branca — só; de bebida, *prosecco* e mais nada. Foi simples e chiquérrimo.

Outra coisa que complica muito os casamentos são as famílias. Parentes que não vemos há duzentos anos, outros que nunca vimos, sobrinhos-netos, primas em terceiro grau já no quarto marido, filhos dos outros casamentos do marido, um caos. Essa mistura faz de um casamento uma estranha reunião (estou falando sobretudo dos casamentos seguidos de recepção). Uma amiga minha resolveu essa situação muito bem. Casou-se na igreja de manhã, em seguida recebeu toda a família, padrinhos etc. para um almoço. Mas toda a família mesmo. À noite, convidou para uma boate os amigos, sem ninguém da família. Foi muito divertido. A noiva gostou tanto de estar vestida de noiva que foi para a pista de dança de grinalda e buquê. A festa acabou alta madrugada, os noivos dançando *rock*, animadíssimos. Foi superlindo, alegre, ver noivos tão soltos, em vez de bonecos de vitrine recebendo cumprimentos, em grande parte de gente que nunca viram. Adorei, mas fico pensando: por que as pessoas não se casam apenas uma com a outra?

Se alguém, pretendendo se casar, me perguntasse como deveria fazer o casamento, eu não teria dúvida: aconselharia, se tivessem uma casa fora (e, se não tivessem, a de um amigo) e fizessem questão de cerimônia religiosa, que se casassem na igreja da cidadezinha mais próxima, só com a presença dos amigos mais queridos, de manhã. Não usaria tafetás, bordados, apenas um belo vestido de algodão (sem um só fio sintético), acho um luxo. Um almoço depois, e fim.

O casamento mais bonito que já vi foi o de Ilde e Jean-Louis Lacerda Soares. Eles se casaram na capela Mayrink, na floresta da Tijuca, não mais que cinqüenta pessoas presentes, convites feitos por telefone, do lado de fora uma mesa apenas com o bolo, simples, simples. Nada de canapés e suquinhos, apenas caviar e champanhe — TONELADAS, TONÉIS. Eu e Samuel fomos padrinhos, foi lindíssimo.

Só mostre fotos e vídeo do casamento a quem tiver estado lá — assim mesmo, se pedirem muito. Escolha um modelo de convite bem simples.

Olha, estou falando de casamentos como se fosse uma *expert* no assunto. Na verdade, me casei três vezes: uma no civil, as outras duas pelas minhas próprias leis. Meus filhos me pouparam de um casamento na igreja. Já pensou eu vestida de mãe da noiva, de longo, salto alto, arranjo na cabeça, horas em pé, recebendo os cumprimentos na sacristia? Acho que desmaiava. Pinky só pôde se casar depois da lei do divórcio (do marido) e na presença dos filhos. Na semana seguinte, ela se vestia para ir ao casamento de uma amiga, e uma das crianças perguntou: "E quantos filhos eles têm?". Para elas, o normal era os pais se casarem já tendo filhos. O casamento de Samuca foi lindo: num cartório em Copacabana, ao lado de uma pracinha onde havia uma lanchonete, tipo onze da manhã. Depois descemos e ficamos tomando sorvete, *milk-shake*, Helô com um barrigão de oito meses, um monte de amigos. Foi comovente, um dia inesquecível. Bruno, já com dois filhos, se recusa a assinar o tal papel. Ele é quem sabe.

CASAMENTOS CURTOS

Nos dias de hoje eu só compro presente de casamento depois do primeiro aniversário da relação, porque essas uniões agora podem durar três meses, seis meses ou duas semanas — e os noivos nunca se lembram de avisar aos amigos que acabou.

O mais desconcertante é que eles se casam sem amor nem paixão e se separam sem ódio, sofrimento ou ressentimento. É uma coisa assim meio vaga, como se se tratasse de duas amigas que resolveram dividir o apartamento, e eu tenho lá minhas dúvidas: será que em algum momento eles chegam a dividir a cama?

É como o tal do ficar: nas noites garotas e garotos se beijam alucinadamente e depois trocam de parceiro — um modismo que começou nas boates gay. De ficar em ficar, beijam uns quinze por noite, depois cada um vai para sua casa, e acabou-se a história.

ATÉ QUE A MORTE OS SEPARE

Para que um casamento dê certo, os casais têm que ter vontade de tudo ao mesmo tempo. De comer, de ir à praia, de ver o mesmo filme, de transar etc. Como isso não é normal acontecer, alguém tem sempre que ceder — e geralmente é sempre o mesmo.

Mas o pior é quando, à noite, um deles diz: "Vamos dormir?". O caminho mais curto para o divórcio é se o outro disser: "Vai indo que eu estou sem sono". Não pode, e tem mais: nunca é a mulher quem decide a hora de dormir, é sempre o marido, e a coitada não tem o direito de acabar o livro ou ver o final do filme. Se estiver terminando um trabalho que precisa entregar na manhã seguinte, pode haver uma certa compreensão, mas ainda assim vai escutar um: "Mas vê se não demora, tá?".

OS FILHOS DELE × OS FILHOS DELA

É preciso ser uma santa/um santo para morar com os filhos do outro. A casa pode estar uma baderna, mas você não pode dizer uma só palavra para não ouvir de volta um: "Você não manda em mim porque não é minha mãe [ou meu pai]".

Além disso, tem os ciúmes: todo filho homem morre de ciúmes da mãe, e toda filha mulher, do pai. É um tormento a hora em que a porta do quarto se fecha e eles começam a pensar no que está acontecendo lá dentro. Se puderem atrapalhar, eles atrapalham. Se puderem hostilizar, hostilizam, sempre com a maior candura. Se um se queixar do filho do outro, é briga na certa, e, se engolir calado, um dia a casa cai. Mas, como a coisa mais difícil é encontrar alguém que já não chegue com seu pacote prontinho e amarrado num laço de fita, só existe um conselho possível: para agüentar os filhos do ser amado, é preciso amor, mas muito mais do que amor, paciência, paciência e paciência.

Pode parecer que sou contra o casamento, mas não é verdade: sou sempre a favor, até porque o próximo pode ser o melhor de todos. Apenas não acho importante. Importantes são os sentimentos que, no meu entender, devem ser vividos com pudor e discrição, partilhados apenas com os íntimos. Falo de sentimentos — sejam eles de dor ou de alegria —, não de festas.

30
MORANDO JUNTO

CLARO QUE É COMPLICADO. Um fuma, o outro não; um gosta de gato, o outro, de cachorro; um come carne vermelha, o outro só come peito de frango. Um gosta de Nova York; o outro, de Paris; um adora cinema, o outro só vai a teatros. Não é fácil, temos que admitir. E como fazer? Alguém vai ter que ceder, claro. Por que não você? É tão bom quando se está apaixonado. Eu adoro.

REGRAS FUNDAMENTAIS

Nunca, perto do outro:

- corte as unhas (principalmente as dos pés);
- tire as sobrancelhas;
- passe creme no rosto;
- faça depilação ou raspe as pernas (com o barbeador dele, jamais);
- limpe o ouvido ou o umbigo com cotonete;
- faça uma massagem de óleo no cabelo;
- pinte os cabelos;
- esprema espinhas ou afins;
- escove os dentes ou passe fio dental;
- fique horas pendurada no telefone.

É bem verdade que existem pessoas que acham essas intimidades parte integrante do relacionamento (tem de tudo neste mundo). Aproveito para dizer que nunca houve uma idéia pior do que aquela de duas pias no mesmo banheiro. Por que não dois chuveiros num mesmo boxe?

Tire um dia da semana para os cuidados relacionados acima (estou evitando a palavra certa: faxina). Seu marido não vai ao futebol? Se não vai, obrigue-o a ir. E você, não vai ao supermercado? Então, aproveitem as respectivas ausências de maneira útil.

Nunca fale mal do seu parceiro para ninguém. Casais devem jogar no mesmo time. Fure o olho dele com um estilete, mas só quando estiverem sozinhos. Constranger ou humilhar o companheiro? Se vocês se maltratam até mesmo publicamente, por que ficam juntos? Será medo de não encontrar mais ninguém?

Aos que não conseguem deixar de jogar charme: sejam de uma discrição absoluta. Galinhagem com repercussão social é muito grave. Aproveitando: nada mais fora de moda que o adultério. As relações devem ser livres, ensolaradas. Se o combinado entre vocês é não ter nenhuma história fora do casamento, então é preciso honrar o compromisso. E, se vocês encararem um "casamento aberto", como se dizia nos anos 60, então que seja aberto dos dois lados. Humilhar a pessoa com quem se vive é, no mínimo, muito, muito mal-educado.

Elogie sua mulher, sua namorada. O vestido, o novo corte de cabelo. Preste atenção na pessoa que você, pelo menos teoricamente, ama. Ela vai ficar tão feliz.

Se você vai fazer uma plástica, é aconselhável que, na volta do hospital, um dos dois vá passar uma temporada em casa de amigos ou num hotel. Só apareça quando a derradeira mancha roxa tiver desaparecido e você estiver uma deusa. Nada de o marido participar da sessão curativos, sabendo de pormenores, tipo onde puxou etc. Enquanto espera, namore pelo telefone, é uma total delícia.

O rímel, na manhã seguinte, transforma-se em grande inimigo da mulher. Em compensação, óculos escuros são grandes aliados. Durma sempre sem maquiagem alguma e com um par deles na mesa-de-cabeceira. E uma máscara, no caso de o outro gostar de ler antes de dormir.

Jamais converse sobre doenças femininas com seu namorado, marido, o que for. Médicos e amigas existem para isso. Se sua mulher tentar colocar esses assuntos em pauta, seja franco, diga que não gosta. (A não ser que você seja ginecologista.) Isso não significa que você não estará solidário se acontecer algum problema. São apenas pequenos cuidados para amenizar certos aspectos prosaicos da vida de um casal.

Uma amiga minha punha o alarme do seu microdespertador para soar quinze minutos antes de o namorado acordar. Esse despertador tocava tão baixo que só o coração de uma mulher apaixonada conseguia ouvir. Aí, ela penteava os cabelos, dava um jeito no rosto, escovava os dentes (só com água, para não dar bandeira), voltava para a cama e fingia que ainda estava dormindo. Supergracinha, ela fazer tudo isso pelo namorado. Mas também esse homem devia merecer, não é mesmo?

Nada mais insuportável do que mau humor matinal. Pior só mesmo bom humor em excesso, aquele que já acorda de bem com a vida, brincando e cantando no chuveiro. Que tal um pacto de silêncio durante os primeiros sessenta minutos depois de abrir os olhos, até a vida voltar ao normal?

Dormir junto é ótimo. Acordar junto, nem tanto. Só que ainda não foi descoberta a solução desse problema.

Capítulo louça suja na pia. São dois pratos, dois garfos, duas facas, dois copos. Tão mais fácil lavar do que discutir a igualdade dos sexos. Antes do ataque feminista: você não lava um pratinho, com o maior prazer, para sua irmã, seu filho, seu amigo? Por que não o do homem que você ama?

Mas, se foi o homem quem sujou o tal pratinho, ele também pode passar uma agüinha e deixar tudo em ordem. Afinal, sua amada não é nem sua escrava nem sua mãe.

Estando na casa da namorada, não vá pegando o jornal e entregando a ela o caderno de variedades. Quando duas pessoas costumam ler o mesmo jornal, o ideal é ter duas assinaturas.

Não saia do quarto ou do banheiro sem um rápido toque de escova nos cabelos. Se for até a sala, esteja decente; por decente compreende-se qualquer coisa, até estar nua, desde que em excelente forma.

Quem mora junto deve combinar: dois toques de campainha antes de botar a chave na fechadura, para avisar que está chegando.

Sem esse aviso, penso logo que é assalto. E *paredón* para aquele que entra pé ante pé para fazer uma surpresa.

Morar junto exige manter a geladeira em ordem. Compre recipientes especiais para guardar as coisas; prefira os de vidro, mais bonitos e higiênicos. Melhor, faça como os europeus: compre hoje apenas o que vai comer hoje. Assim vocês terão tudo sempre fresco e sem aqueles horrores de sobrinha de arroz, sobrinha de um legume, sobrinha de sei lá o quê. Mas, se for difícil adotar esse esquema, como de fato é, a não ser que um dos dois não trabalhe fora, um pouco de obsessão maníaco-compulsiva pela ordem da geladeira só vai atuar a favor. Separe numa prateleira os doces, as frutas; na outra, os molhos. Organize as prateleiras da porta, tenha orgulho da arrumação de sua geladeira.

Por maior que seja a intimidade (e morando junto costuma ser bem razoável), calcinha e sutiã na cozinha não dá (nem cueca). Aliás, nem morando sozinha: apenas uma questão de estética.

Cheiro de alho é ótimo. Cheiro de amor é ótimo. Mas não misture. Cheiro de alho na cozinha, e de amor, no quarto.

Quando um dos dois não fuma, o que fuma deve evitar fazê-lo no quarto, sem que o outro precise pedir.

O.k., vocês estão morando juntos. Façam o possível para que cada um mantenha um canto só seu, mesmo que esse canto seja mínimo. Procure cada um conservar seus amigos, prazeres e atividades, sem aquela de ter que compartilhar tudo com o parceiro. Não abra mão de ter sua vida própria: passeios, almoços, amigos, cinema, *cooper*, o que for. Isso não deve ser classificado como vida secreta; são apenas prazeres pessoais que qualquer um tem o direito de ter. Mesmo em casa, tenha atividades só suas: armar um *puzzle*, limpar o som, costurar, ouvir música, por exemplo. Está provado que aquela coisa antiga de "somos um só coração" ou "só vou se você for" não tem nada a ver. E, na hipótese realista de o romance acabar, agindo assim você não se sentirá tão desesperadamente só.

Aviso às mulheres que fogem da cozinha: aprendam alguma receita, ponham o nariz nas panelas, é uma delícia. Mulher que não sabe cozinhar deveria ser proibida de morar junto com alguém.

E, gente, um pouco de ordem na casa! Até se pode tolerar que a roupa da noite, quando se chegou tarde, fique espalhada. Mas é tão bom, mas tão bom, dormir com o quarto impecavelmente arrumado. O sono fica mais gostoso. Faça um esforço, vale a pena.

Morando junto, quando forem sair, na hora de entrar no elevador, sempre — mas sem-pre — diga que esqueceu alguma coisa, que ele vá descendo. Se ele te segurar pelo braço e obrigar você a entrar, tire seu brinco disfarçadamente, jogue no chão e se abaixe para procurar, para que ele não te veja. Não há mulher, por mais deslumbrante que seja, que resista à luz fria de um elevador. Proteja-se, faz parte de suas obrigações.

Nas relações amorosas, qualquer coisa é melhor do que a indiferença, o desinteresse. Às vezes fico observando nos restaurantes casais que jantam sem se olhar, sem se falar. Para mim, é o pior filme que pode haver.

Cuidado com as surpresas. Isso é muito pessoal, claro. Eu, se meu marido, namorado, o que for, chegar em casa anunciando que ganhou na Mega-Sena, já comprou as passagens para a gente embarcar no dia seguinte para a Europa, que o prêmio foi tão alto que vou poder comprar todos os Armani que quiser, vou ter um ataque — odeio surpresas. Mas sua amada pode ser menos intolerante do que eu. Mesmo assim, procure saber se ela gosta das novidades inventadas por você.

Numa relação amorosa, depois de uma noite de grande desacerto, desapareça. Dê tempo para que a raiva passe e a saudade chegue. Talvez seja a única chance.

Aconteceu o que pode acontecer com duas pessoas que moram juntas, namoram, convivem ou são apenas amigas: um desentendimento, uma rusga, o que for, com ou sem razão, culpa de um ou de outro. Mas vocês se entenderam, se desculparam, se perdoaram. Então, regra de ouro: *não se fala mais no assunto*. Nunca mais, entendido?

Torne sua casa o melhor lugar do mundo. Falta de dinheiro? É desculpa. Você sempre poderá fazer alguma coisa para melhorar, embelezar, mesmo com pouca grana. Que ela seja o lugar aonde você chega sempre com grande prazer, onde se sente melhor, protegido de tudo e de todos.

Pense um pouco. Em vez de comprar uma saia, um tênis, invista num bonito pano (que nem precisa ser caro) e jogue em cima do sofá — vai te dar um novo *élan*. Arraste os móveis, mude tudo. A casa é um prolongamento nosso. Reflete nossa personalidade, o que vai dentro de nós. Portanto, coragem e mãos à obra. (Se continuo o discurso, vou acabar dizendo que o mundo não vale o meu lar.)

Talvez você ache frescura tudo o que leu neste capítulo, mas não é. Se no início do namoro você não fazia certas coisas, por que não fazia? E por que faz agora? Reflita sobre isso e procure, na sua vida a dois, preservar a beleza e o encantamento dos primeiros tempos de romance. Vale a pena, e namorar é tão bom.

31
OUTRAS CURTINHAS

SE ESTIVER NO ELEVADOR, evite tirar aquele fio de cabelo branco do paletó azul-marinho de quem está na sua frente. Pelo menos tente, pois é irresistível.

Se estiver fazendo *cooper* e cruzar com um amigo que tenta parar para bater um papinho, não pare: *cooper* é coisa séria, não saia do ritmo. Faça um sinal de "depois a gente se fala" e vá em frente.

Praia. Nunca fique pedindo coisas: óleo importado, protetor solar, cigarros, revistas etc. Proteja-se mais das pessoas do que de uma insolação, e já chegue dizendo: "Que absurdo, sabe quanto paguei por este óleo?". Se pintar um homem lindo, podem dividir a toalha.

Nunca chegue em casa de ninguém sem avisar, a não ser que você tenha se sentido mal exatamente na porta da casa do seu amigo. Assim mesmo, interfone.

Não tente passar na frente de quem está numa fila. De banco, cinema, casamento, missa, ponte aérea. Em alguns casos, você não só pode como deve dizer gentilmente: "Acho que eu estava aqui antes de você".

Ao visitar um doente, que a visita seja curta. Mesmo assim, só vá depois de avisar e com a certeza de que será bem-vindo. Cuidado com os assuntos. Não peça detalhes da doença, dos exames. Não conte a história de uma enfermidade parecida porém mais interessante. Muito menos o caso daquele amigo que acabou morrendo apesar de todo o cuidado que recebeu.

Para uma visita de pêsames, trinta minutos bastam. Mesmo que você perceba que sua presença está fazendo bem, antes de ficar um pouco mais espere que te peçam.

Quando nasce uma criança, também seja breve. A depressão

pós-parto sempre existe, ainda que leve. Procure saber se sua visita é mais bem-vinda na maternidade ou na casa da parturiente. Não vá em grupo. Faça pouquíssimo barulho. Não toque no bebê, não peça para segurar no colo. A casa já está cheia de novidades, não é hora para que as visitas sejam entretidas, não espere que te ofereçam mais do que um copo d'água. Não faça disso um programa, não fume, não fique contando histórias. Só há um assunto: o bebê e tudo o que diz respeito a ele. O parto, as mamadeiras, fraldas, cólicas, se chora de noite, se o umbigo caiu, se a mãe tem leite, se empedrou etc.

Quando terminar qualquer visita, espere que abram a porta para você. Não vá logo botando a mão na maçaneta.

Não conte o último assalto de que você foi vítima — ninguém agüenta mais.

Quando te cumprimentarem com um: "Oi, tudo bem?", não engrene com um: "Ah, minha filha, com uma gripe!" e aí os detalhes. Sobretudo, não enumere os remédios que está tomando.

Não boceje. Se acontecer e você não puder mesmo evitar, que seja em total silêncio. Tente, apertando a língua no céu da boca e, ao mesmo tempo, a ponta do polegar no dedo indicador. As freiras diziam ser infalível. Se não funcionar, mãozinha na frente da boca, discretamente.

Você deixou de beber ou fumar, que maravilha. Mas não precisa humilhar ninguém mostrando como você é forte, cheio de força de vontade. Seja modesto. A não ser que seja um alcoólatra e freqüente o AA, aceite um drinque, sim, vá botando água e mais água, mais gelo, finja que está bebendo — é tão mais simpático. Ou faça como aquelas mulheres antigas nos cabarés. Tome chá com gelo e finja que é uísque. Mas isso só vale se você estiver na sua casa.

Se um amigo te pede um copo d'água, nunca sirva na bandeja. Entre amigos, jamais se usa bandeja.

Nunca entre num aposento sem bater na porta. Se for o quarto do seu filho pequeno, ou o seu próprio, com o marido lá dentro, dê sempre umas batidinhas antes.

Não se lê correspondência de outra pessoa, nem se mexe na

bolsa, não se olha a agenda, a gaveta ou os *e-mails* recebidos, não se escuta uma conversa. Isso é invasão de privacidade, o que é intolerável. Respeite o diário de sua filha, mesmo que ela tenha só cinco anos.

Cuidado com o perfume. Se gosta de usar, seja muito discreta. Em alguns restaurantes da França, o *maître* inventa uma desculpa para não receber grupos de mulheres perfumadas, ainda que elas tenham feito reserva. Perfume atrapalha quem está comendo.

Um homem deve sempre ajudar a mulher que está carregando algum embrulho — ouviram, rapazes? —, a não ser que ele já esteja com as mãos ocupadas.

Às vezes você encontra uma pessoa que não via fazia muito tempo, tipo colega de colégio. E leva um susto, tal o estrago dos anos. Disfarce a depressão que o encontro te causou e não deixe transparecer que quase não a reconheceu.

32
O BAR

O BAR E AFINS

Você está morando sozinho e quer montar seu bar sem muita complicação. Anote o básico:

Copos:

- uísque — longos ou baixos;
- Campari — longos e estreitos;
- vodca — os mesmos de uísque, e outros menores, altinhos e estreitos, para quem bebe vodca direto do *freezer*;
- vinho do Porto — iguais aos copos de vinho, só que menores;
- *dry-martini* — tem que ter, mas não vou explicar;
- vinho branco/tinto — basicamente iguais, de pé, dois tamanhos, sendo o menor para o vinho branco;
- champanhe — champanhe é um vinho; portanto, copos de vinho (melhor do que *flûtes*, taças).

Bebidas:

- uísque;
- vodca;
- gim (e Noilly Pratt para um *dry-martini*);
- Campari;
- vinho do Porto (para quando sua tia for te visitar);
- dois licores meio doces, para quem não gosta de beber;
- um conhaque, *armagnac* ou *calvados*.

Ao lado das bebidas, diversas qualidades de chá e energéticos, um pratinho com fatias de limão, outro com raminhos de hortelã, e, no banheiro, uma cestinha com Viagra, Lexotan e camisinhas, tudo misturado, para não dar muita bandeira.

Na geladeira:
• xerez;
• vinho branco;
• champanhe;
• cerveja.

No *freezer*:
• *poire*;
• vodca (pura, ou preparada com *poivre rose* ou canela, fica demais).

Pela manhã, os corajosos geralmente bebem:
• Campari;
• gim-tônica;
• vodca-tônica;
• champanhe;
• cerveja;
• vinho branco.

Mas, de preferência, não cometa essa loucura. As conseqüências costumam ser sinistras.

A qualquer hora:
• champanhe;
• um porto.

Com esse arsenal, você vai poder inventar novos coquetéis (só valem os feitos na hora). Talvez acabe com o fígado destruído, mas vai se divertir muito até lá.

Uma receita de *dry-martini*: ponha o gim num copo com gelo. Sacuda, jogue o gelo fora. Chegue bem perto e sussurre: "Vermute". Dizem que fica divino.

Nem vou falar sobre vinhos, claro. Para conhecê-los com propriedade e escrever a respeito, só tendo nascido na França, ou vivido lá por muitos anos, ou estudado o assunto com seriedade. Como não é o meu caso, ficamos por aqui.

Num clima tropical, não chega a ser erro ficar no vinho branco o tempo todo — mesmo que o prato seja carne. E também quero defender o *rosé*, tão malfalado, mas simpático no verão para acompanhar uma salada. E, se estiver fazendo muito calor, que me perdoem os puristas, com duas pedras de gelo.

Só beba maquiada e adequadamente vestida. E de salto alto, claro. Pessoas que bebem com aspecto desleixado são um quadro pavoroso. E — conselho precioso — só beba com quem também estiver bebendo. A intolerância dos que não bebem para com os que bebem é um fato indiscutível e beira a desumanidade.

33
RESSACAS

OS VEXAMES: COMO EVITAR?

Não misturando fermentados com destilados (*grapes and grains*).

Não bebendo:

• de estômago vazio;

• quando estiver triste, infeliz, em depressão, num almoço de negócios;

• no dia de conhecer a futura sogra, com direito a enteados;

• na véspera de tratar um novo emprego;

• no domingo à noite;

• quando encontrar seu ex com outra;

• quando encontrar seu atual com outra;

• quando encontrar seu atual com outro.

As ressacas: como evitá-las?

Há um consenso: deve-se, antes de deitar, comer ou tomar um copo de leite, ou dois Engov, ou tudo junto. Só que nunca ouvi falar de ninguém que, tendo bebido além do figurino, lembrou-se de alguma dessas recomendações ao chegar em casa. Se é que chegou.

Como curá-las?

• penumbra;

• ar-refrigerado e cobertor;

• um quase-silêncio;

• uma música tocando bem baixinho, para impedir de pensar;

• Wagner e Beethoven, proibidos; Mozart e Vivaldi pode.

Alguém que te adore e que te dê não só apoio moral, mas todos os cuidados materiais. Esse alguém deve cancelar todos os seus compromissos, resolver problemas, ir ao banco, pagar contas (preenchendo o cheque para você, que se limitará a assiná-lo). Deve falar pouco, pouquíssimo, e olhar para você sem o menor ar de repressão.

Para começar, água. Muita água. Quando você voltar a raciocinar, cerveja ou champanhe, num copo grande e muito bonito, mas só um. Após um tempo, o capítulo alimentação. Vai depender, é claro, do que você conseguir pensar em comer. O ideal seria carne, ovos, açúcar, muito açúcar. Proteína e glicose. Musse de chocolate, doce de leite, se possível na veia. As palavras "uísque" e "vodca" não devem ser pronunciadas nesse dia perto de você. Não saia da cama, não atenda ao telefone — se a ligação for da sua mãe ou do seu filho, nem pensar. Aliás, só atenda para ouvir boas notícias (a tal pessoa que te adora se encarrega de fazer a triagem). Nada de jornais. No começo da noite — sem que você tenha saído da cama para nada —, um banho de imersão morno, prolongado. Enquanto você está na banheira, a pessoa que te adora faz a cama, troca os lençóis (que deverão ser brancos), dá uma geral no quarto, abre a janela para ventilar, fecha de novo. Quando você volta, uma bela camiseta limpinha, e é só escolher entre os três ou quatro filmes (comédias ligeiras) que a pessoa que te adora foi buscar na locadora. Nada de noticiários na TV; nesse dia, é preciso ficar fora desse insensato mundo. Talvez o jornal da noite, aquele bem tarde. Talvez. Depois do banho, já é aconselhável trocar algumas palavras. Eu disse palavras, não idéias.

A carência, no dia seguinte a uma grande noitada, é a maior que um ser humano pode sentir. Daí a importância da pessoa que te adora ao seu lado. Mas, ou a pessoa que te adora também bebeu na véspera e está sem condições de fazer qualquer coisa por você, ou ela não bebeu e pode não estar te adorando nem um pouco. O ideal então seria uma empregada maravilhosa, com você há anos, habituada a esse tipo de cena. E que te adore, mesmo assim.

Rompa relações — rompa! — com qualquer pessoa que tenha a insensibilidade de nesse dia dizer: "Você ontem, hein!".

E viva a amnésia alcoólica, que te leva a esquecer todos os horrores que você fez e disse na véspera.

34
JINGLE BELLS

QUANDO ME LEMBRO de que eu e Samuel — pai dos meus filhos — éramos dois, e de dois viramos dez, fico assustada. Se contar as noras e genros (e as ex-noras e os ex-genros), com seus respectivos filhos com outros e outras, vamos a mais uns quinze — isso se não me esqueci de ninguém (minha calculadora sumiu). Já pensou o que é uma reunião familiar, tipo Natal? Um perigo, eu diria.

As famílias costumam comemorar o Natal sempre na casa da mesma pessoa: ela (essa santa) arma a árvore e se encarrega das comidas e bebidas — trata-se de uma vocação —, enquanto os outros comparecem levando uns desgarrados (tenho uns amigos na França cuja família se reúne sempre no Natal. A festa é na casa de campo, e todos os albergues da região são alugados para eles, que são 160 — cruzes).

As famílias se reúnem porque Natal é Natal, porque não têm outra coisa para fazer, porque se sentem obrigadas a participar, para comer e beber, para não ficar sozinhas em casa. No fundo, trata-se de uma escolha entre a depressão e o estresse.

O passatempo predileto, nessas noites, é falar mal dos parentes. Como os mais jovens vêm com as namoradas e namorados e todos têm que se comunicar com seus respectivos pais e mães (que estão casados com outros e em outras festas), passam a maior parte do tempo falando no celular, e o que menos acontece é as pessoas se verem verdadeiramente, se falarem verdadeiramente, saberem umas das outras verdadeiramente. Talvez seja por isso que algumas pegam um avião em meados de dezembro e só voltam no ano seguinte, matando assim dois coelhos de uma só cajadada: o Natal e o réveillon.

É a minha fórmula, que, aliás, tem dado muito certo, e duvido que alguém, no meio da confusão, entre o presunto e o peru, as castanhas e as rabanadas, os presentes e as luzes da árvore piscando, tenha dito ou ao menos pensado: "Ai, como estou triste porque Danuza não está aqui". Duvi-de-ó-dó.

35
MÃES, CRIANÇAS, FAMÍLIAS EM GERAL

RELAÇÕES COM NORAS, GENROS

Que sejam maravilhosas enquanto durarem os casamentos, mas sem exageros. As coisas podem mudar, podem vir outras noras e outros genros, e, por mais que você goste deles de verdade, esse gostar passa por nossos filhos, e ai de quem disser ou fizer qual-quer coisa contra eles.

Nas separações há sempre um culpado, e não dá para tomar partido quando existem filhos envolvidos, pois para nós eles têm sempre razão. Seja uma gracinha, encha de carinhos, mas pouca intimidade, e não ouça, jamais, nenhum tipo de confidência, porque não costuma dar certo.

E quando seus filhos se separam e você gostava de verdade de sua ex-nora e do seu ex-genro, faz o quê? Na-da. Quando encontrar, trate muito bem, mas evite combinar um almocinho ou qualquer coisa no gênero. Se cruzarem na rua, podem no máximo ir tomar um café, mas vai ficar aquela saia-justa de não poderem falar sobre o assunto que os/as unia. A vida é mesmo cruel, quem não sabe?

CRIANÇAS

Antes de qualquer coisa, vamos deixar bem claro que nós todos a-do-ra-mos crianças, sobretudo as nossas. Mas temos de admitir que elas não combinam com certas situações, e, como você bem sabe, tudo na vida é uma questão de harmonia.

É possível, numa festa de adultos, alguém levar uma criança? A resposta é não, mas algumas mães extremadas não só levam seus filhos como deixam que eles fiquem soltos pela sala, correndo, para que possam tomar seu uisquinho e conversar em paz. Essas, é bom riscar da agenda para sempre.

Pensando na tal harmonia universal que deve reinar em todas as coisas, fiz uma listinha básica do que não combina e do que combina com crianças, mesmo que — volto a dizer — as amemos de paixão.

Não combina:

- criança em sala de espera de aeroporto;
- criança em avião;
- criança em restaurantes;
- criança em supermercados e lojas em geral;
- criança andando de patins no meio da sala;
- criança e adultos.

Combina:

- com pijama, cama e sono;
- com governanta inglesa;
- com colégio na Suíça, para voltar muito bem-educada, sabendo comer à mesa e falando francês na perfeição;
- com um joguinho novo no computador;
- com excursão do colégio para a Disney;
- com gramado;
- em fotos maravilhosas tiradas pelo pai.

Mas crianças crescem, e aí os problemas são outros. Um deles é levar a namorada/o namorado para dormir em casa. Como devem proceder os pais, deixam ou não deixam? Graças a todos os deuses, quando meus filhos eram adolescentes, o problema não se colocava, mas agora os pais precisam enfrentá-lo.

A mim incomodaria, e muito, acordar de manhã e cruzar no corredor com uma gatinha de camisetona (e mais nada) indo para o banheiro — e eu, gentilmente, dando a vez para ela. Um pouco mais tarde, acordariam os namorados das filhas me chamando de tia. É claro que meu xampu francês vai acabar, a pasta de dentes vai ficar sem a tampa e todas as toalhas da casa vão ser usadas — uma delícia total.

Depois de tomar o café-da-manhã — em horas diferentes, claro — e liquidar com a geléia inglesa, eles se esparramariam no sofá da sala para ver um filme, e a gente vira uma estranha na própria casa; a única solução passa a ser se trancar no quarto para ter algum sossego.

Como os direitos são iguais e somos todos tão modernos, você também pode querer levar o namorado para dormir em sua casa, e aí vira zona. Se fosse comigo, eu optaria pela hipocrisia declarada e assumida: nas noites e nos fins de semana em que eu não estivesse em casa, ficaria tudo liberado, e eu fingiria ignorar os acontecimentos no meu ex-lar, doce lar (mas avisaria a que horas estaria de volta). Aí eles teriam a mais total liberdade de andar pela casa de sunga ou de calcinha e sutiã e fazer o que bem quisessem, porque o que os olhos (os meus) não vêem, o coração (o meu) não sente. Caretice? O.k., eu assumo. Tudo, menos qualquer coisa que possa lembrar promiscuidade.

Outra coisa: cuidado com as intimidades com filho. Mãe é mãe, amiga é amiga, e confidências de namoro — sobretudo de ordem sexual —, nem pen-sar. Também nem pensar em contar à sua mãe alguma que seu marido aprontou; você vai acabar perdoando, e ela (a mãe) vai passar o resto da vida com ódio a ele e fazendo pressão contra. E mais uma coisa: permitir um fuminho em casa também nem pen-sar. Ah, mas pelo menos assim você sabe o que estão fazendo e eles não correm o risco de a polícia etc.? Nada disso: o papel do pai e da mãe é avisar das conseqüências, de que os filhos podem ir parar numa delegacia, e só assim eles começam a aprender a ser responsáveis pelos seus atos. Se sujar, a gente socorre, claro.

MÃES

Geralmente é a vocês que cabe a educação dos filhos, sobretudo no capítulo modos à mesa, arrumação do quarto etc. Não sejam preguiçosas. Claro, é mais fácil fazer do que ensinar, mas tenham coragem, ensinem e comecem cedo, para que os bons hábitos se tornem uma segunda natureza, e não um procedimento para quando se têm visitas. Seja rigorosa. Eles vão te odiar às vezes. Você vai querer esganá-los freqüentemente. Faz parte, entre pessoas que se amam. Mas um belo dia alguém vai dizer o quanto seu filho é educado, prestativo, gentil, querido (aliás, eles sempre são, na casa dos outros). Você vai desmaiar de surpresa e felicidade.

Nunca me esqueço da história daquela mãe que perguntou a uma especialista em boas maneiras com que idade deveria matricular seu filho no curso. Ao saber que o futuro aluno estava com três meses de idade, ela respondeu: "Talvez já seja tarde".

Não morra de vergonha se seu filho deu um vexame na frente de seus amigos. Não valorize os erros, nem dê bronca em público. Nunca trate nenhuma criança como se ela fosse uma débil mental, elas entendem tudo. Use sempre um bom vocabulário, isso aumenta a capacidade lingüística das crianças. E não morra de culpa se algum dia precisar frustrar seu filho, tipo promessa que não pôde ser cumprida etc. Uma frustraçãozinha de vez em quando prepara a criança para aprender a suportá-las, quando no decorrer da vida elas (infelizmente) acontecerem.

Eu adoro meus filhos. Você deve adorar os seus. Mas nem por isso a gente deve abrir a carteira e sair mostrando aquela foto pequenininha, em que todas as crianças são absolutamente iguais. E foto de bebês? Não vamos obrigar o nosso próximo a dizer "que gracinha", combinado?

O palavrão. É dito por todos, até em televisão, escrito em jornais etc. Pretender que uma criança não repita é puro delírio. Vamos moderar, mas a regra de ouro seria: palavrão, na linguagem corriqueira, é uma coisa. Mas não pode ser usado, jamais, na hora da raiva, da briga. Isso vale para os adultos também.

Ensine, obrigue seus filhos a cuidar da bagunça que fazem. O copo de Coca-Cola? De volta para a cozinha. A revistinha que acabaram de ler? Para o quarto. Os milhares de papeizinhos de Bis? Amassados e jogados no lixo. A lista não teria fim, porque a imaginação de uma criança para instalar o caos onde quer que esteja é infinita.

ALGUNS MANDAMENTOS PARA AS CRIANÇAS

- Não se servir primeiro que os outros. O ideal, aliás, seria que elas, até uma certa idade, fizessem as refeições antes dos adultos, com as mães ao lado, patrulhando as boas maneiras.
- Não deixar cair um grão de arroz sequer na mesa.
- Não encher demais o prato. A fome na África etc. Se encher, que comam tudo.
- Usar sempre o guardanapo.
- A partir dos sete anos, não cortar a carne toda de uma vez. Sete? Talvez eu tenha exagerado. Cinco.
- Não misturar carne com peixe, macarrão com farofa etc. Isso é cultura.
- Levantar-se quando a refeição terminar. Elas devem receber essa permissão, para evitar aquela tortura de ficar sentadas à mesa até a hora do café, um suplício (para mim, até hoje).
- Não bater a porta do quarto com estrondo, sobretudo depois de uma briga.
- Só gritar se for por mordida de cobra.
- Ficar mudas, estáticas, no elevador.
- Não chamar a amiga da mãe de tia. Aliás, não chamar ninguém de tia, a não ser as tias de verdade. E, só para deixar bem claro, tia Rosina, tia Helena, nunca só tia. Todos os flanelinhas chamam a gente de tia — quero matar.
- Sentar à mesa devidamente penteadas, mãos limpas etc.

Você já está nos preparativos finais de sua festa, e as crianças insistem em ficar assistindo. Diga não. O mesmo não que elas te dizem quando você pretende permanecer na sala no dia da festa delas. Mas elas não vão desistir. Do charme à chantagem, deixando você bem culpada, farão tudo para conseguir o que querem. Aí, só há uma solução: o suborno puro e simples. Pague a elas — *cash* —, metade antes, metade depois. Que elas fiquem no quarto, trancadas, só tendo o direito de sair em caso de incêndio.

Em fim de semana prolongado no sítio, não esquecer de

levar: filmes, videogames, baralho, fichas. Lembre-se de que crianças têm horror a quintal, a ar livre, a subir em árvores etc.

Eu adoro bebês. Quando começa a idade da correria, confesso que já adoro um pouco menos (tenho que dizer isso bem baixinho, para não ofender as mães). Vamos então falar dessa fase sublime das crianças?

Elas gostam de passar no espaço de quinze centímetros que existe entre o sofá e a mesa, brincam de pique numa sala de dois por três, põem a cadeira na frente da televisão, se penduram nos lustres, pintam as paredes da sala, o teto, tudo aos gritos. Penso que essa talvez seja a fase de maior energia do ser humano. É a idade da guerra de travesseiros, das almofadas que voam pela janela. Jovens pais adoram essas traquinagens, tudo bem. Mas não ache estranho se um de seus amigos não curtir tanto quanto você essa fase adorável de seus filhotes. Crianças são difíceis mesmo, e é necessária muita paciência para agüentar o que elas freqüentemente aprontam. Querem ver como os interesses de adultos e de crianças são inconciliáveis?

- Pai joga futebol com filho.
- Filho não lê jornal com pai.
- Pai leva filho à Disney.
- Filho não vai com pai ao museu Beaubourg.
- Pai vai com filho ao McDonald's.
- Filho não vai com pai a restaurante vietnamita.
- Pai assiste a desenho animado com filho.
- Filho não vê noticiário com pai.

E mil outras coisas. Acho que a única coisa que pai e filho gostam de fazer juntos é ver revista de mulher nua.

O problema de relacionamento entre crianças e adultos é uma questão de energia vital. Enquanto os mais velhos adoram prolongar uma refeição preguiçosamente, batendo papo, fumando, tomando um licor, as crianças ficam indóceis. Se são obrigadas a ficar, começam a despejar sal na mesa, quebrar palitos e botar dentro do saleiro, mostarda na Coca-Cola etc.

Daí a razão de separar as crianças dos adultos na hora das refeições.

Mas os pais continuam tentando conciliar, e sabe Deus o que pode acontecer. Geralmente essas tentativas ocorrem aos domingos, em restaurantes. Um restaurante onde o *menu*, dentro do possível, agrade a todos os paladares. Adivinha aonde vamos? À churrascaria, é claro.

Combinam com alguns amigos que têm filhos mais ou menos da mesma idade e vão enfrentar a guerra. As crianças, é claro, nem se olham. Falar, nem pensar. Os adultos, já grilados, redobram as atenções, ninguém come em paz. Clima tenso. Como as crianças comem pouco e depressa, ficam impacientes para sair da mesa. Os pais, aliviados, consentem. Pensa que está tudo em paz? Aguarde.

O filme continua. Seis ou sete crianças se juntam imediatamente às 347 das outras mesas e começam todas a brincar no meio do restaurante. Se tiverem levado patins, skates, pranchas de surfe, melhor ainda. Fica aquela churrascaria animada, picanhas sangrando nas camisas dos guris, gritos lancinantes, algazarra geral. Um garçom não muito paciente poderia involuntariamente até assassinar um deles com o espeto. Mas uma das crianças não enturmou, nem nessa hora. Vai ficar com a cabeça recostada na mesa dizendo, de dois em dois minutos: "Quero ir para casa". E repetindo, bem devagarinho: "Quero ir para casa". Resultado: desestabilização emocional de todos os presentes.

Bom, por que eu disse tudo isso? Simples. Para que todos compreendam, numa boa, que juntar crianças com adultos não costuma dar pé, que isso é natural e não há por que dramatizar. Sejamos sinceros: mesmo sendo o pai ou a mãe, encarar um teatro infantil seguido de lanchonete é dose. Mesmo quando existem laços afetivos fortíssimos, é preciso ser um adulto muito, muito paciente. Paciente ou apaixonado pela mãe da criança — e isso só no início da paixão.

Mesmo os filhos mais modernos costumam ser caretésimos em relação às suas próprias mães. Portanto, vá anotando: na presença dos filhos mãe não namora, não dança, não toma mais de um drinque, não diz que acha o Jeff Bridges um tesão (perdão, mãe não pronuncia essa palavra, aliás, nem sabe o que quer dizer), não usa minissaia, não pode adorar Madonna (só pode gostar de Roberto Carlos e de Julio Iglesias). Eles te amam, mas essas preferências sempre incomodam. Nem amigos comuns mães e filhos devem ter, por precaução. Assim, quando o destino puser vocês na mesma festa, pareça o que eles querem que você seja. Anule-se. Tenha pouca personalidade, melhor, nenhuma, e saia cedo.

Faça o tipo distinto e alegre. Se possível, use uma peruca grisalha. Seja discreta e assexuada como uma missionária suíça na África. Tenha poucas opiniões. Maquiagem, só o essencial para não parecer um cadáver. Se enturme com os mais velhos e trate os jovens como se fosse uma tia simpaticona, nada mais. Ria das histórias deles e não conte nenhuma sua. Mãe não tem passado. Só fale de receitas, crianças, médicos; conte casos edificantes, tenha bons endereços para fornecer, dicas de cozinha. Relembre como era o mundo "no seu tempo". Seus filhos vão adorar. E depois dessa festa vá correndo tomar um uísque duplo em algum bar com cheiro de pecado, para não ter um infarto. Se estiver numa cidade à beira-mar, vá direto ao porto.

Em compensação, na frente dos netos faça tudo o que não deve — e muito mais. Netos costumam adorar avós — digamos — fora dos padrões. É que eles sabem que vão poder contar com elas como fortes aliadas nas crises de caretice dos pais. Cruel? Não, apenas verdade. E mais: isso é que faz o equilíbrio da vida.

36
DOIS NOBRES SENTIMENTOS (OU: A RAIVA E A VINGANÇA)

APESAR DE DIZEREM que não se deve viver com raiva no coração, sentir raiva é estimulante, e, se alguém fez uma coisa contra você, nada mais saudável do que odiar essa pessoa. Odeie muito e, se possível, verbalize seu ódio. A raiva evita infartos, gastrites, úlceras, e pessoas normais às vezes sentem ódio do marido, dos filhos, do pai, da mãe, do amigo, do chefe, da empregada e do mundo em geral — o que é ótimo, pois só os que sentem muita raiva são capazes de amar muito. E é aí que, às vezes, entram as vinganças, que são sempre por justa causa — ou você já quis se vingar de alguém que te mandou flores?

Eu, na verdade, sou de raivas violentas, mas de poucas vinganças — apesar de saber que desde o começo da humanidade vingança é coisa de mulher; inveja do pênis, inveja da mãe, que dorme com sua primeira paixão, o pai — e tome vingança.

Nem todas precisam ser feitas por nossas próprias mãos: às vezes a vida se encarrega disso, e a gente ainda pode achar que tem superpoderes mentais. Dar a outra face é patético e, cá entre nós: olho por olho é bem mais gostoso. Desde que o mundo é mundo, mulheres são melhores vingadoras do que homens, e qualquer uma sabe preparar, com suprema maestria, um míssil de maldades para o filho levar no fim de semana que vai passar com o pai e a nova mulher.

Mas atenção: não se deve confundir vingança, que é uma resposta a alguma coisa concreta e imperdoável que fizeram contra você, com inveja; inveja porque a outra é mais magra, mora no apartamento que você queria ter, namora os homens que você queria namorar. A inveja é um sentimento humano que não provoca vingança, necessariamente.

Alguns dizem que existe inveja boa e inveja ruim, será? As minhas são, todas, escandalosamente péssimas.

Vamos aos exemplos:

Eu tenho uma amiga que brigou com a síndica do prédio porque esta resolveu botar uma fechadura na portaria, outra na porta do elevador (no térreo) e outra nas portas do elevador, em cada andar — todas diferentes. Depois de anos de discussão sobre o absurdo da coisa, e sem resultado, sabe o que fez minha amiga? Desceu, na calada da noite, com dois tubos de Araldite, misturou as colas e entupiu a fechadura da porta do elevador (a do térreo). Grande confusão, uma assembléia extraordinária foi convocada, falaram horrores sobre o vandalismo de quem havia praticado tal ato (e minha amiga apoiou com veemência). A fechadura foi trocada, e ela repetiu a façanha. Isso aconteceu seis ou sete vezes, até que desistiram. Acho esse tipo de vingança um primor, a ser copiado e até aperfeiçoado, se for o caso.

Outra amiga tinha um namorado, e uma vadia resolveu dar um jantar e convidá-lo. Nesse dia, ela botou seu vestido mais *sexy*, fez o namorado beber bastante e se esquecer do mundo. Quando acordou no dia seguinte, ele se sentiu — com razão — o último dos *gentlemen*. Minha amiga, muito gentil, disse que ele deveria mandar umas flores, e até se prontificou a ir comprar, já que o namorado, de ressaca, não tinha condições. Com o cartão (escrito por ele) na bolsa, ela foi ao florista em frente ao cemitério e escolheu um buquê de palmas-de-santa-rita tingidas de azul-turquesa, o que sepultou qualquer intenção que a outra tivesse em relação a ele; pode ser melhor?

Como sou muito sincera e honesta mas estou com a memória fraca (para o que não me interessa), devo dizer, a bem da verdade: não tenho certeza se essas histórias se passaram com uma amiga ou comigo mesma, o que, aliás, é irrelevante: pelo tempo, elas já prescreveram.

Existem também outros tipos de vinganças, a maior parte das quais dirigida às piranhas que se engraçam com seu namorado, com seu ex-namorado ou com qualquer homem que você pensou em namorar um dia. Nesses casos você não só pode como deve, distraidamente:

- grudar um chiclete na nova bolsa (Fendi) dela que custou 1500 dólares;
- deixar um recado na secretária eletrônica convidando para uma grande festa a que todo mundo está louco para ir; como o nome dela não estará na lista da porta, ela será barrada;
- indicar um lugar maravilhoso na periferia onde se podem comprar roupas de grife por um preço ínfimo — e dar o endereço errado;
- dizer, com muita gente em volta: "Sua plástica ficou maravilhosa";
- lembrar, na presença do novo namorado dela, da noite em que ela bebeu demais e teve que sair carregada; mas isso tem tanto tempo, foi nos anos 50 — lembra, meu bem?

Se nada disso aplacar seu ódio, fure o olho dela — sempre haverá alguém que vai compreender. Eu, por exemplo.

E tem a melhor de todas, que é a vingança construtiva. É aquela que te faz pensar: "Ah, é? Pois agora ele (ou ela) vai ver", e a partir daí conseguir vitórias extraordinárias no trabalho, na vida afetiva, na aparência física, e chegar ao sucesso, enfim — ou à paz total. Quem foi mesmo que disse que viver bem é a maior vingança?

37
A MATURIDADE, ENFIM

SEJAMOS SINCEROS: maravilhoso não é, mas não tem jeito. É bem melhor ter trinta e fazer loucuras do que ter sessenta e ser sábia e experiente — até porque fazer loucuras é uma delícia.

Essa história de assumir a tal da maturidade e os cabelos brancos não resolve rigorosamente nada, mas existem algumas regras obrigatórias para quem já passou dos cinqüenta — homens ou mulheres —, e a primeira delas é evitar, a qualquer custo, o ridículo.

Não há nada mais constrangedor do que ver uma mulher cheia de netos revirando os olhos e dizendo que o seu *personal trainer* é um gato. Se ela pensa que assim vai passar por jovem, está redondamente enganada. Fica apenas patética — tanto quanto os homens mais maduros que vivem fazendo gracinhas com as menininhas e anunciando ao mundo que não precisam de Viagra. Existem coisas que, feitas pelos jovens, são *sexy*; já pelos não tão jovens, ridículas. Apenas uma questão de bom gosto.

A vida é dura: não existe nada pior, para uma mulher, do que entrar num lugar e não ser olhada por ninguém. E, se alguém, pensando que está fazendo um elogio, diz: "Você está muito bem, inteirona", é hora de cometer um homicídio ou de mudar de país. Porque lá longe, como ninguém te conhece, você poderá às vezes se vestir como louca (e é bem divertido, às vezes, passar por louca), e todo mundo vai te olhar.

Na Europa e nos Estados Unidos, a mulher que passou dos cinqüenta ainda é considerada uma pessoa normal, a quem se cumprimenta e até convida para jantar (dizem na Califórnia que a melhor maneira de envelhecer é se mudando para Nova York). No Brasil — e sobretudo no Rio —, se você não for muito jovem e muito malhada, está liquidada, porque para os brasileiros a primeira qualidade de uma mulher é a juventude.

Quando nasceram meus primeiros netos, dei uma driblada nos acontecimentos. Quando viajava e me perguntavam se tinha filhos, eu respondia que sim. "De quantos anos?" Aí eu dizia a idade dos netos. Hoje, que sou bisavó, faço a mesma coisa. "Quantos netos você tem?" Respondo: "Uma só, Clarinha" — e com tal convicção que até eu mesma acredito. Contra esses absurdos da vida, cada um se defende à sua maneira; eu escolhi a minha, tenho sido muito feliz, obrigada, e continuo pesando 58 quilos.

Fácil não é: você não pode comer porque engorda, não pode beber porque o fígado já era, não pode (não deve) fumar porque sabe que faz mal, e a transa nunca mais é como foi — afinal, o tempo passa para eles também, e depois de uma certa idade você não vai namorar um garotão. Ou vai?

Uma das regras de ouro para se manter, digamos assim, é considerar pré-históricos alguns fatos que vivemos e fingir que só os conhecemos por ter ouvido falar: o golpe de 64, Woodstock e os Beatles são alguns deles, que devem nos parecer tão distantes quanto a Batalha de Waterloo.

Existem também certos procedimentos para não chamar a atenção para nossa idade, tais como:

- não se vestir como uma gatinha;
- não falar de idade — nem mesmo da dos outros;
- não se queixar de dor na coluna;
- não dizer, jamais, "no meu tempo";
- não dizer que "antigamente" o mundo era muito melhor;
- não virar puritana;
- não contar detalhes, a não ser na mais absoluta intimidade, de seus amores passados;
- não entrar em nenhuma festa com aquele olhar de periscópio de quem está procurando um homem;
- maneirar na bebida para não sair dançando sozinha e dar vexame;
- e o principal: gostar muito de ficar sozinha.

É preciso também ser muito, mas muito vaidosa. Só a vaidade vai te levar a abandonar o chocolate, a fazer todas as lipos necessárias, a se matar na ginástica e a não sucumbir à comodidade passando a usar aqueles horrendos saltinhos quatro e meio: todos os dias, assim que se levantar, calce um sapato bem alto e fique com ele o dia inteiro, mesmo sozinha em casa, para não perder o hábito (só tire na hora de fazer esteira, que, aliás, é obrigatória). E mais: assim que acordar, um lápis no olho e um blushezinho, para conservar a moral na estratosfera.

Não dá mais para ir à praia? Passe a adorar a montanha. Não dá mais para comer feijoada? Passe a adorar peixe com ervas cozido no vapor. Não dá mais para namorar? Lembre-se de como os homens podem ser aborrecidos e cansativos. Não dá mais para atravessar as noites dançando? Passe a adorar as manhãs, que por sinal são lindas — e por aí vai. Não há nenhuma tragédia nisso: foi ótimo, mas já foi, e tudo bem.

Curta a vida sem querer mais do que ela pode dar, valorizando e aproveitando tudo o que está a seu alcance — e que não é pouco.

Em relação aos amores, chega uma hora em que a capacidade de amar diminui. Mas, como na nossa cultura quem não tem um homem não é absolutamente nada, as mulheres continuam procurando, desesperadamente, por um, seja ele quem for e o que for.

Mal sabem elas que, a partir do momento em que decidem encerrar esse capítulo — e são elas que devem escolher o momento certo, se forem inteligentes —, outra maneira de viver se apresenta: sem aflições, sem dependências, sem esperar telefonemas, sem ciúmes, sem ter que negociar para decidir o destino da viagem, sem ter que ceder e jantar com os amigos dele que ela odeia, sem fazer concessões de nenhuma espécie, dona absoluta do seu nariz.

Ah, mas o amor não é a coisa mais maravilhosa do mundo, cantada em prosa e verso pelos poetas? É, mas em termos.

Em primeiro lugar, nem todos os amores são tão felizes assim nem tão eternos: acabam se transformando em amizade, em hábito, em companhia, muito prático, aliás, para os que são incapazes de ficar sós.

Em segundo lugar, o amor é das coisas mais maravilhosas do mundo, mas não é a única, e dá perfeitamente para ser feliz sem. Lembra do tempo precioso que você perdeu apaixonada por homens que não mereciam, que te faziam passar noites em claro pensando neles e pelos quais, cá entre nós, nem estava assim tão apaixonada? Dos papelões que fez, dos vexames que deu, do coração na boca, dos arrependimentos do dia seguinte? Então, é sempre tão bom assim o amor?

Não chego a achar, como na canção cantada por Dalva de Oliveira, que "o amor é o ridículo da vida", mas, quando convivo com certos apaixonados, fico em dúvida. E não fui eu quem disse que "todas as cartas de amor são ridículas". Foi Fernando Pessoa.

É preciso ter lucidez para saber quando chega a hora de parar com essa busca frenética e pensar em outras coisas, porque, se a vida com um homem é muito boa, sem homem também é — até porque, quando se está só, pode surgir um grande amor inesperadamente. É pouco provável, mas nunca se sabe.

Para não perder o hábito, cultive alguns fãs pelo mundo e, quando sentir um clima de desejo no ar — tão bom, não? —, deixe, sempre, a esperança de que um dia, talvez, quem sabe?

Para um homem no outono da vida, essa esperança é tão importante (e às vezes mais reconfortante) quanto um sim, e fazer charme é, e será sempre, uma grande delícia.

Mas a verdade mesmo é que a maturidade é como o futuro: não chega nunca.

DANUZA LEÃO nasceu em Itaguaçu, no Espírito Santo, e aos dez anos foi para o Rio de Janeiro. Depois de exercer atividades variadas, tornou-se jornalista. Foi colunista do *Jornal do Brasil* e do *O Estado de S. Paulo*, e atualmente escreve uma coluna semanal na *Folha de S.Paulo*.

Aos quinze anos, Danuza freqüentava a casa do pintor Di Cavalcanti. Aos dezenove, foi a primeira modelo brasileira a desfilar no exterior. Aos vinte, casou-se com um importante dono de jornal que tinha o dobro da sua idade. Tempos depois, com três filhos pequenos, separou-se para viver um grande amor com um cronista e compositor pobre. Aos quarenta e poucos, já avó, comandou as noitadas das boates Regine's e Hippopotamus. Foi dona de butique, membro de júri de programa de auditório, relações-públicas, entrevistadora de TV, produtora de novela, colunista social, cronista, escritora.

Suas crônicas encontram-se reunidas em *Danuza todo dia*, *Crônicas para guardar* e *As aparências enganam*. Dela, a Companhia das Letras já publicou *Quase tudo* (2005), *Danuza Leão fazendo as malas* (2008) e *De malas prontas* (2009).

1ª edição Companhia de Bolso [2007] 2 reimpressões

Esta obra foi composta pela Verba Editorial em Janson Text
e Thesis Sans e impressa pela RR Donnelley em ofsete
sobre papel Pólen Soft da Suzano Papel e Celulose